本書全部版稅捐贈
財團法人公益平臺文化基金會，
謝謝他們的努力。

# 樹，不在了。

十八歲的你是健康的，而世界的經濟是生病的；
十八歲的你是青春的，而台灣的政治是衰老的。
別被故鄉拴住一切，勇敢地往前走，往更大的世界探索。

陳文茜

# 目次

作者序

# 當時，我們還太年輕

她當時還太年輕，不知所有命運贈送的禮物，早已在暗中標好了價格。

我們是一個太年輕的經濟體，融入全球生產線大約始於一九七〇年代，四十多年前。許多人聽了祖父輩如何脫貧致富的故事，聽得厭煩了。那是臺灣踏入全球生產線的第一步；我們幸運地當起日本衛星工廠，接著自己直接向美國接單；接著美國發生儲貸危機及嚴重的貿易逆差。一九八五年美國先向日本施壓簽訂《廣場協議》，日圓大幅升值；一九八七年美國祭出「三〇一」報復法案，要求臺灣進口美國玉米、火雞、橙橘等農產品，臺幣也被迫自一美元兌四十元臺幣升值至近一美元二十五元臺幣。當時我們還太年輕，不知道所有歷史變

當你願意坐下來認真閱讀時代的演變時，你才能找到自己的位置。（圖片來源：陳文茜提供）

化代表的意義；風起雲湧的農運興起，抗爭美國農產品進口；二千點上下的台股指數日後步步登上萬點；房價開始飆升約二十倍；流行音樂迎來黃金時期，〈向前行〉標誌了臺灣人的自信；「臺灣錢淹腳目」，暴發戶炫富一時蔚為風潮……同一時間，以廉價勞動力為枝幹的傳統製造業，一一出走，離開臺灣。

當時的我們還太年輕，並未清楚認識每一個「禮物」皆標示了暗中隱藏的價格。九〇年代年輕的島嶼充滿活力，為了掙脫蒼涼悲愴的歷史記憶，我們開始為歷史討公道，為曾經的隱忍提控訴。……不知不覺，年輕的我們已習慣在「幸福」的滋味裡必須添摻一點心酸，那成了我們從此習慣的「臺灣味道」。

當時的我們還太年輕，並不瞭解改變中的中國，改變中的我們，改變中的柏林圍牆，改變中的全球新生產方式，改變中的全球新興勞動市場。

迎接廿一世紀，突然十年間，全球化快速崛起，網際網路以新生產方式成功整合跨國生產鏈，然後金融海嘯來襲！一陣風過去，年輕的我們瞬間衰老，像一個受到過度驚嚇，一夜白髮的老婦；在皮膚與皮膚的皺摺之間，來不及翻開，不忍心翻看……，只能對著鏡子裡的自己，哭泣、哀怨、嘆息，或者憤怒。

瞬間每個人都想給予「衰老」的我們，一個簡單的答案。「中國」是最常跳出來的關鍵字，「貧富差距」是另一個蔓延的情緒，其他諸如「全球化」、「下一代的競爭力」、「教改」、「政府能力喪失」、「房價」等等……。

今天的我們已不再年輕。我們錯過了以往，至少如今應體會某些道理：例如這個世界只有一刀切的豬肉，從來沒有一刀切的議題。不要用一個口號，一種仇恨情緒，回答複雜的世間難題。

例如一九九〇年，我們太年輕，我們並未認真地從全球布局及歷史結構看自己，看中國，看世界。我們忙著算老帳，從未意識幸福的時代會結束，從未意識地球每天在自轉，世界日日在移動。我們如此沉浸於「幸福」，太甜了，於是人人皆需找點悲情的滋味。一場又一場的群眾演說，Keyboard 鍵盤音符催醒沉睡於靈魂中曾經悲苦的記憶。無形之間，年輕的我們開始拒絕「飛行」，某種情緒壓著我們的翅膀；愈「富有」，愈「沉重」。

屈指一算，先是爭論「要不要到中國大陸設廠」、要不要接受「中國大陸資金」，要不要「進入中國市場」，整整從中國經濟摸石子過半條河，到中國黃金十年，到中國正式崛起，到中國又面臨房產泡沫危機，……近二十五年，四分之一世紀；至今方興未艾。

二〇一四年七月，我們已不年輕，我們還在爭論；但有人代替我們寫下了句點。二〇一四年七月三日，韓國大統領朴槿惠宣布，韓國與中國二〇一四年底前將簽訂《自由貿易協議》。中韓高峰會上朴槿惠以簡潔平靜的語氣宣布了兩國重大貿易協議；這項協定對臺灣某些產業有若扔出原子彈，《中韓自貿協定》至少六〇％貨品細項和臺灣與大陸談判中的《兩岸貨貿協議》重疊；而韓國是臺灣面對全球出口競爭中，最重要的對手。

《中韓自貿協定》二〇一二年底已開啓談判，日本解除和平憲法的「自衛權」限制以及臺灣對大陸經貿的疑懼，成了兩大推力；把中韓迅速推擠成政經結盟體。依照中國外交慣例，中國國家主席出訪朝鮮半島，一定先北韓平壤，再南韓首爾；這次是歷史上第一次，爲回應日本擴大憲法解釋，中國領袖決定向韓國伸出特殊的友誼之手，緊密結盟。

我們已不再年輕。我們必須理解「臺灣」從來不是世界的中心；更不是中國政治經濟唯一的重點。在政治上，對中國而言，韓國是美國「重返」亞太試圖孤立中國後最重要的戰略夥伴之一；臺灣反而不可靠。對韓國而言，中國儘管能力不如過往，但仍是唯一有能力牽制朝鮮的強權國家。在經濟上中國目前爲韓國最大貿易夥伴，朴槿惠上台後最重要的工作之一便是簽定兩國自貿協定。韓國在前任大統領李明博領導下已簽署《韓美自貿協定》（二○一二年），《韓國歐盟自貿協定》（二○一一年），全球經濟布局韓國仍欠缺的最重要一角，便是最大貿易夥伴也是世界第二大經濟體「中國」。二○一四年七月中韓高峰會，對雙方國際政經戰略都是歷史性的一刻。中國與韓國貿易關係從此將更緊密，除了自貿協定，中國並放寬韓國投資者八百億人民幣進入中國股市；中韓一致譴責日本修改二戰後和平憲法擴充軍權，以及對當年戰爭罪行「慰安婦」等從未道歉反省；兩國爲促進貿易並簽署設立韓圓、人民幣直接交易備忘錄；中韓發表聯合聲明，反對朝鮮進一步發展核武，重啓六方會談。

我們已不再年輕。擺渡四分之一世紀，至少我們應該理解：風起雲湧的世界，從不等待猶豫不決的人。

我們可以選擇停留，但其他的人會選擇奔跑；而世界在他人的奔跑中，無意間已改變了樣貌。《中韓自由貿易協定》後，亞洲經濟又是另一番景象；中韓高峰會擴大經貿合作除了二〇一四年底簽定自由貿易協定外，並訂出二〇一五年雙邊貿易額三千億美元的目標。雙方在新能源、電子通訊、智能製造、環保技術、綠色低碳等未來新興產業，共同以金融、投資、地方三種合作模式互補，一個提供技術，一個提供市場；同時雙方結盟至第三國合作。簡言之，過去中國企業才能打進的市場例如巴基斯坦、吉爾吉斯、哈薩克等中亞國家，韓國可與中國企業結盟，藉其進入；而中國和韓國在高科技及未來新興產業，將在共同利益下互補。此外，設二〇一五年爲「中韓旅遊年」，達到雙方一千萬人次的免簽證旅遊。

我們已不再年輕，我們必須學習理解這些國際變化的後果。彭淮南曾於二〇一四年三月「製作」一個懶人包說明「服貿」，其實他說的是「兩岸貨貿」若未簽訂，而《中韓自由貿易協定》先行後，臺灣必須面對的後果。彭淮南的憂慮，終於成爲事實；未來若面板業倒閉，十萬人失業；機械、石化、鋼鐵、工具機……韓國都是臺灣業者最大的競爭對手。我們選擇不簽，韓國簽了；業者或者縮小在台投資，或者出走，或者關廠。它代表的是數十萬個家庭從此生活失去支柱，影響人數兩年內第一波可能百萬人，第二波當他們減少消費、沒有能力繳房貸……服務業、餐飲業、百貨業骨牌效應下，哀鳴已非演講台上的表演；而是許多家庭現實的淚水。

全球經濟的改變移動，向來不是冰冷的數字。它不是口號、不是意識形態、不是過幾年覺醒可立即挽回。所有命運中我們曾經選擇的「禮物」，早已在暗中標好了價格。畢竟我們已經不再年輕。

命運之神沒有憐憫之心，上帝的長夜從來沒有盡期。每一個經濟體只是時光中暫時的主角，不停流逝的時光，從不為誰特別停留。

此書獻給曾經年輕，或者現在仍年輕的你、妳、你、妳。

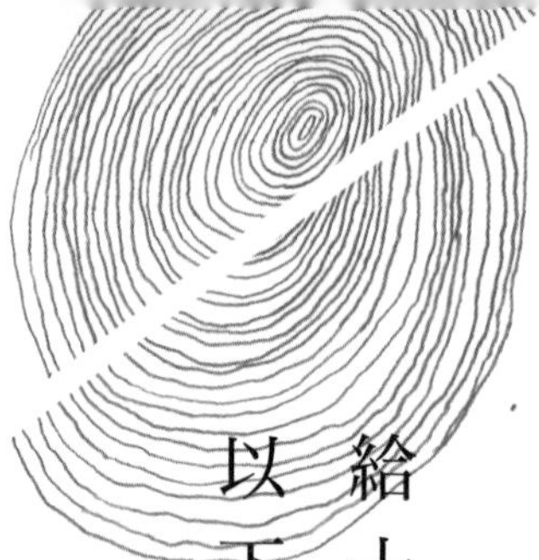

# 給十八歲以下的你

這封信寫給不知名的你或妳。

現在的你或剛進校園，或仍等待一關又一關的學測，好進夢想中的校園。然而，二〇〇八年九月源自華爾街的金融海嘯，讓臺北或高雄的你，開始迷惘未來。四年後人生什麼樣？十年後世界又是何種風貌？

十八歲，剛冒了青春痘沒多久，你本打算丟離了從小背膩的書包制服，好好享受人生。如今金融海嘯一來，全世界的國罵加起來都不足以緩解心中的徬徨。四年後有工作嗎？臺灣還是那個臺灣嗎？你做錯了什麼？爲何被迫承擔這一切？

十八歲，有些人已走了很長的路。十八歲，林語堂也剛離開福建鼓浪嶼，前往上海聖約翰大學就讀。林語堂本是福建漳洲旁小村落龍溪的「土孩子」，改變他一生的，是父親從小給他的國際視野。破落的龍溪鄉下，有位長老教會的牧師，自小以中英文自學教導他的兒子，並諄告「長大定要唸世界一流大學」。自幼起林語堂即離鄉寄讀鼓浪嶼中小學，一個動亂的中國，一個看起來毫無希望的鄉下孩子。他忍受了童年的孤獨，藉由一塊偶然開放的鋼琴之島（鼓浪嶼別名），與世界悄悄連結。他的同學裡有英、法、葡、西……各國領事小孩，林語堂沒爲他的孩提時期留下太多紀錄，唯一惦記在心的是父親的話，大海的另一邊是另一個世界，「要讀世界一流大學」。林語堂後來實踐了父親的夢想，先留美於哈佛，再留德。他是世界上第一位華人《紐約時報》暢銷書排行榜作家，其作《生活的藝術》（*The Importance of Living*）連續登《紐約時報》榜首五十二週，文字行雲流水，語帶幽默。嚴苛

林語堂本是福建漳洲旁小村落龍溪的「土孩子」，改變他一生的，是父親從小給他的國際視野。（圖片來源：CFP提供）

地說，他的文學造詣比不上同一時代的沈從文、魯迅、張愛玲甚至辜鴻銘，但他在世界文壇地位遠遠超越同輩，只因他擁有的世界觀，尤其以英文書寫的能力。

十八歲，霍金還在足球場上奔馳；他沒料到數年後，自己即將罹患肌肉萎縮症。就讀英國牛津大學博士班時，他的腦神經已開始明顯受損，一天比一天不會說話，一日比一日手腳萎縮，直至我們今天看到的「怪物」。蜷曲於特殊設計的輪椅，霍金二十五歲後只能透過合成器發音，與世界甚至宇宙溝通。十八歲時的他，即時抓緊了青春，滿街追跑「女生」、踢足球；他一生相信，這世界最大的謎就是「宇宙」與「女人」。往往閱讀完愛因斯坦的物理著作，左手一擱，右手就拿起王爾德的「敗德」文學，探勘那女人究竟怎麼回事。

十八歲，巴菲特（Warren E. Buffett）已賣過口香糖、二手高爾夫球、爆米花……買進股票，賺了一筆又賠光，並且當過送報生。他不喜歡桿弟類的勞力工作，但熱愛送報生的生涯。他擁有一條送《華盛頓郵報》的路線和兩條《時代先鋒報》的路線，兩報立場一左一右。每天送報前，他總是同時閱讀支持羅斯福與反對羅斯福的新聞論點，然後沿途「一個人工作，自己想通某些事」，除非那個路段「有隻惡犬」。巴菲特出生於一九三〇年八月，算起來他娘懷胎時正巧是一九二九年十月大股災前後。更倒楣的還在後頭，他十一歲某個星期天，一家人剛做完禮拜開車返家，廣播突然插播「日本襲擊珍珠港」，車上一陣騷動。從收音機巴菲特得知二次大戰就此開啓，更大的災難要來了。巴菲特的父親是他心目中的「大人物」，爲了反羅斯福，還曾絕望地投入一場必輸的衆議員選戰。母親會彈管風琴，但平時只要一開口，對孩子盡是負面攻擊語言。巴菲特傳記作者發現他常大談自己的父親，或「父母親」，但絕不單獨提到「媽媽」。他的友人則回憶，巴菲特自小蒙受母親的語言羞辱，這是他長大後既需他人安慰，也冷靜無情的動力。一個沒有太多愛的孩子，對世界擁有很多夢想，但沒有不切實際的幻想。對巴菲特而言，如果母愛都不可信賴，長大後誰能輕易信賴？冷靜看「財報」，一切「眼見爲憑」。這是股神的童年故事，時代與家庭讓一個十八歲的孩子過分早熟，但也學得五十歲的人都學不到的人生智慧。

十八歲的你是健康的，而世界的經濟是生病的；十八歲的你是青春的，而臺灣的政治是衰老的。十八歲，學學林語堂，愛你生長的地方，瞭解你受教的文化，但別被故鄉拴住一切，勇敢地往前走，往更大的世界探索。十八歲的你，學學巴菲特，把童年的遺憾當作人生歷練，愈嘮叨的媽愈能歷練冷靜抗壓的投資之神。十八歲的你，學學霍金，即時享受青春的美好，人生有太多不測，別盡苦惱華爾街發生什麼事，抓住青春的尾巴，熱愛你的生命。

十八歲的我，發生中壢做票事件，世界正歷經第一次石油危機。衛生紙遭囤積，沙拉油也被廠商炒作，漲了十倍。上廁所擦屁股都是番奢侈，今天想來，還眞覺有趣。我最遺憾的是十八歲前沒把英文學好，無能以英文書寫；沒環遊世界，趁年輕闖蕩天涯。最高興的是大一唸民法親屬篇，知道女人一嫁，什麼都沒，並預知法律不適合我，畢業後早早轉行。

欣羨年僅十八歲的妳。

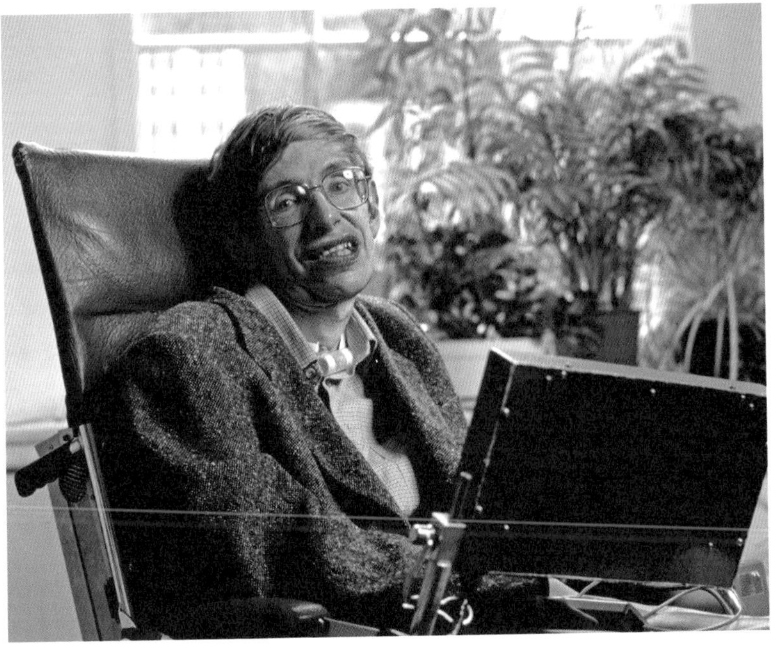

十八歲的你，學學霍金，即時享受青春的美好，人生有太多不測，別盡苦惱華爾街發生什麼事，抓住青春的尾巴 ，熱愛你的生命。（圖片來源：Getty Images 提供）

# 愛一個孩子，有錯嗎？

這一切的發展，非任何人所能想像。許多父母回首自己二十年前、三十年前如何看著剛出生的孩子，想像他或她長大後可以擁有更美好人生的雀躍，如今只能一聲嘆息，然後想辦法讓疼痛慢慢逝去。

嚴長壽的新書《你就是改變的起點》，對現代父母的教育方式提出反省。「當我們爭取到經濟狀況的穩定，卻開始縱容下一代，只要求他們讀書，剝奪了他們應該要爲社會、爲自己負責的能力。我們以自己的經濟實力，強迫孩子按照自己的成功經驗來走，卻壓制了他們開啓天賦、探索自我、服務人群的能力。在我們的保護傘下，他們失去了自主能力；在我們自以爲善意打造的溫床中，他們失去了危機意識，更在我們一再寵溺愛護下，失去了面對挑戰的勇氣。」

嚴長壽是我非常尊敬的朋友。他的爲人、奉獻、價值觀、人生選擇、一生永不放棄的一些堅持，令人敬佩。他語重心長道出了這一代父母教養子女的錯誤，他鼓勵父母們，不要再「呵護」孩子，也客氣地評論若干媒體「臺灣到新加坡當基層勞動力」的報導。嚴先生主張「讓孩子有機會到異鄉歷練，甚至吃點苦頭，並不是壞事」，「到新加坡能夠看到年紀差不多的其他國家年輕人，發現他們具備多種語言能力，既能吃苦，又有紀律。臺灣年輕人就會馬上被逼著走出舒適區，面對全球化世界的競爭力」。讓孩子們提早「勇敢認清世界現實」，「練習從底層往上看，往左右看。」

嚴長壽對二十歲至三十歲世代的教養見解，不是唯一。王浩威精神科醫師二〇一三年出版《晚熟世代》，也點出了臺灣年輕世代的茫然、憤怒及晚熟；總結其原因，主要仍歸因「父母寵溺過度」、「干預過度」，當一個孩子自小犯錯，父母急著當他的保護傘，擋在前面；這樣的孩子等同缺少了「挫折」的歷練，少了「成熟的存摺」、「負責的積蓄」。

我自己沒有孩子，但的確看到許多與我同年齡深深懊悔的父母；至今仍在不時回首過往，「我是不是做錯了？」、「什麼話我該說而沒有說？」、「多麼希望我們的孩子還在童年，一切可以重來。」

「愛一個孩子，有錯嗎？」這八個字，對我相似年齡的父母，有若刀割般的煎熬。他們成長於被自己的父母過度責罵管教的年代、學校吊起來打，家裡抽鞭子揍……即便如此，他們仍深深記得父母為維持一個家溫飽，日夜辛勞，黑髮成灰。於是他們把一生所得、一生欠缺，毫不猶豫全交付給自己親生的下一代。自童年起，孩子有父母小時候吃不起的青蘋果、電視看得到的卻永遠買不起的樂高、穿不起的舶來品……。孩子犯錯，別說捨不得打，連罵都心疼。滿滿的物質代表滿滿的愛，我們這一代的父母，錯誤地以爲塡滿幼兒的房間即是一切；他們相信把自己童年錯過的給孩子，孩子長大後，會更好。

「我們錯了！」這一代的父母，流著眼淚，普遍追悔地認錯。

「愛一個孩子，有錯嗎？」

我不認爲答案是一方的。如果父母的溺愛教育有錯，那也是來自「愛」的出發點。愛的方式，或許有錯；

愛，從來不是錯。

曾幾何時，我們的世界不只被支解成不可寬恕的宗教、民族國家……現在還加上了「世代」。世代的矛盾在歷史裡，或許無足驚訝；在親子關係中，不應成爲單方的究責，以及另一方的「理所當然」。如果父母曾經因爲愛孩子的方式教養有缺憾，不等同他們的愛全錯；更不代表當他們低頭懺淚時，孩子有權力指責他們，然後轉身一走，不一起面對自己人生的挑戰。

要反省的，豈止是父母。

我自己是一個從小被寵溺長大的孩子。我是外婆的一切，她可以爲我生，可以爲我死。她極少擔憂自己的病危，卻經常煩惱我的「便當菜色」小事，今天煎旗魚、明日包壽司……。我玩了一整個暑假，兩個月功課一片空白，全家舅舅動員幫我寫作業，家裡客廳像一條「代工生產鏈」。直到外婆眞正倒下前，我飯來張口，茶來伸手，不知制服在哪兒，書包課本帶了沒……每天在學校「抗爭」無聊的教官，下了課只顧看課外書、花園裡作白日夢。唯一給她的承諾：拿著一本談「黑洞天文學」的書，對她吹牛「那一天，我帶妳去月球」。

外婆給我的教養訓斥很少，其中：「不能看不起比妳窮的人，他只是命沒妳好」；「有能力被別人占便宜，是妳的福氣」；其他「快樂就好」，凡做錯任何事「嗚……她沒有爸爸媽媽。」

外婆在我十七歲那年離世，我這一生唯一歷經最深的愛、毫無保留的付出，也在那一刻終止。

因此每回我看到朋友爲自己曾經對孩子過度溺愛懊

悔，而他們的孩子即使近三十歲了，還在大吼大叫時，外婆的影子便會飄入我腦海裡。我好想衝過去抓著那個仍然擁有無窮愛的孩子，搖醒他，「你知不知道，擁有父母的愛，是多麼幸福的事？」、「看看孤兒院的孩子，你到底抱怨什麼？」、「世界真的虧欠你那麼多嗎？」我更想抱住那個悔恨無比的父母，告訴他們：「愛一個孩子，沒有錯。」、「錯的，是孩子自己不知珍惜。」

當然往往，我什麼也沒做。站在那裡，目睹一切；靜靜離開。我知道，有些人這輩子，總得歷經「失去」，才願意長大；總得痛了，才知道「惜福」。

外婆對我的溺愛，並沒有把我圈在一個舒適環境，害怕挑戰。相反地，她給了我自信及勇氣，並教導我要信賴世界（所以我碰到騙子，往往會氣炸地翻臉）。如

愛一個孩子，是錯的嗎？（© by Jimmy Liao Licensed by Jimmy S.P.A. Co., Ltd.）

果我比同輩多一點骨氣，少一點恐懼；多一點創意；少一點框架；全來自於她的溺愛與包容。愛，是一個孩子成長時，最重要的禮物；它不應，也絕不該成為下一代逃避責任、面對艱苦的藉口。

一些被孩子「啃老」的父母，經常手足無措，甚至得憂鬱症。我給他們的勸告和嚴長壽一樣都是：把孩子丟出去，讓他們接受歷練，縱使殘酷，也必須放手。這類父母的煎熬令人心疼，他們知道自己不可能遮蔽孩子一輩子，卻又害怕一放手，「孩子在外面一點競爭力也沒有。」想到新聞裡誰的孩子跳樓、割腕、自殘……「愛」變成「理智」的敵人，於是「逃避」的不只下一代，還包括了「逃避的上一代」。

每個人的一生，或許只是幾頁不斷修改的筆記書。

有的家庭幸運地書寫幸福，有的家庭自始至尾，燈下都是當「父母」的不斷地想撐出那本破碎的筆記本；每回任性的孩子撕了幾頁，當父母的總想辦法把它黏回去，從黑髮黏到白髮。

公平嗎？

在父母愛你一生以後，甚至他們還在低頭檢討自己時，親愛的幸福的孩子們，若你仍然還在「虛無人生」，請你回頭想想此篇文章的這句話：「愛一個孩子，有錯嗎？」

我想我的外婆從來不曾想像，愛孩子，在某個時代，竟然成了一件錯的事！這簡直成了悲壯之舉。

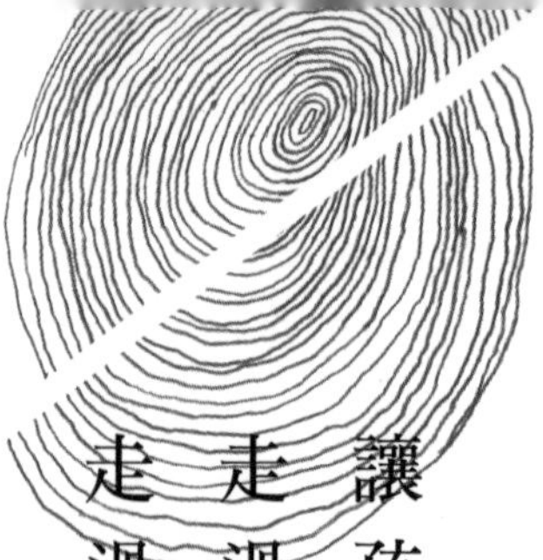

# 讓孩子們走過山、走過水

關於「十二年國教」，我沒有深入研究；詢問數位「專家」，眾說紛紜，唯一交集之處「明星高中迷思」很難破除。

如果問我，一生對我影響最深的學校，是那一個？我的答案：不是臺大、不是美國新社會學院……而是我一生唯一的「鄉下教育」臺中崇倫國中。這所國中在臺中市郊，實施九年國教之前在臺中公私立學校排名大概不到前十名……。我從小在臺中唸的都是「明星學校」；同學們外省人大概不是將軍、校長、立委、國代的小孩，就是臺中富商下一代。即使那個貧窮年代，遇著下雨天，校門口少數黑頭車，一排排三輪車，準備接送孩子們。同學們一半學鋼琴、小提琴，小五之後即加強補習，放學後比誰穿得漂亮。

我的年代是「九年國教」第三屆，一般國中教育資源及「品質」按世俗標準皆不良，於是我的小學同學半數考進私立中學；其他大多搬遷戶口至原稱「市立第一中學」的居仁國中。

小學六年級時，我的家庭發生變故，扶養我的外婆因心臟病危住進加護病房。那一年，在我的人生裡刻印了兩項影響我一生的重大事件。一個是我首度面臨困境，外婆若走了，我只有十二歲，哪裡是我的家？我已數年未見母親，近十年未見過父親，這世上還有我的容身之處嗎？那是我第一次眼睜睜看著死亡，以及死亡逼近時分分秒秒對我的意義。我看著夜裡窗外搖曳的樹葉，白日翠綠，夜間陰沉；當下果斷做了抉擇，若外婆走了，我會以「特殊方式」和她一起走；人生一了百了，不用為活而低聲下氣。等待外婆離開加護病房的十天，從做決定起，我內心即十分篤定。沒有眼淚，沒有自憐，沒有哀戚。

現在回想那生命中的十天，是我培植「捨棄」、「勇敢」及「成長」最重要的日子。

外婆幸運地活過來，醫院待了近一個月。我和她相依為命慣了，每天陪她住院；但不是我照顧她，而是她照顧我。我又回到那個可口可樂、巧克力的「準幼稚」狀態；原本寫好的遺書如衛生紙扔垃圾桶，照常「小公主」的好日子。

外婆出院後，國中已分發完畢，私校招生也報名結束；她赫然發現即使家在市區，我卻「莫名其妙」被分發至近郊「崇倫國中」。我的姑婆指責她：「妳替她媽媽帶孩子，帶什麼啊？那個學校會毀了她一生……」外婆沒有生氣，不斷點頭，一直哭。

只有我，毫無感覺。

我每天得花約四十分鐘騎自行車上學（回想那三年，可是我一生唯一運動的歲月），經荒郊、騎田埂……一不小心可能掉進糞坑。上學第一天，發現班上同學和我小時玩伴大不相同，有的買不起皮鞋，有的付不出學費。我的同學分兩大類，本省女孩來自農村，讀書是「奢侈」，回家得先幫農務，才能做功課；如果「太用功」，叫作「自私」。另一類型外省女孩，父親不再是將軍、上校、警察局長，而是「士官長」的小孩。我曾搭公車去她們家玩耍，聽說住山上，還一片遐想，是否家家種了玫瑰？對我們這樣一個「二二八家庭」的孩子，那是改變我一生的重大分水嶺。我脫離本省家族對「外省等同權貴」的成見，看著士官長們的家，不到我們臥室榻榻米一間大小，廚房比我家廁所窄，若有一家裝「馬桶」，「八成姊姊上臺北當舞女。」

那是一個文化震撼的經驗，「馬桶」是奢侈品，還得出賣姊姊的肉體與名譽。

鄉村國中三年，我不曾迷失自己；反而充分體會社會的不公，也看到了本省外省家庭共同因貧窮而衍生的悲劇。一個同學突然水泥工的父母親車禍雙亡，家裡連一粒米都沒了，她餓得昏倒操場上。我跑去告訴訓導主任，學校開始爲她申請社會補助。一名單身外省老師收容她們住宿舍；我學會也懂得把全校第一名的獎學金轉送給她，……訓導主任軍中退役，以嚴厲出名，卻溫柔摸摸我的頭，稱讚：「妳是一個好女孩。」

讓孩子們有機會走過山、走過水；讓他們的成長歲月除了成績之外，有天有地，最終有能力找到自己的位置。

（陳文茜藝術創作）

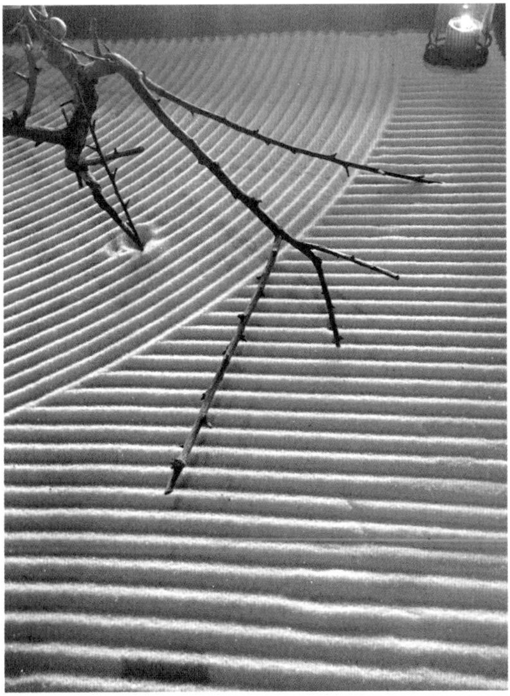

考高中前，我們全家皆萬分緊張，外婆趕快送我去補習。補了一個月，覺得無聊，便每晚翹課吃冰或讀課外書。由於我們是國中第三屆，意義等同教育資源仍未充分準備，且愈偏鄉愈欠缺。我唸的國中，的確許多老師是很「普通」的五專畢業，且鄉音重；但換來的是我「叛逆有理，課堂上常常糾正老師的自信」。

這類學校的考試通常也不會太難，我多半課堂上聽一聽即記下來，其他我的同學忙農務、別的明星學校孩子忙補習的時間，我即自修例如背歷任美國總統就職演說。考高中時由於我的英文、數學、歷史、化學、物理等大多接近滿分，我順利考上「臺中女中」，比錄取分數多出一百多分；然後在高中又碰上一堆明星小學時的同學。

這一生我幾乎都在明星學校讀書，除了這所讓外婆流淚的「國中」。但它卻養成我人格中理解比妳貧窮、地位低、不同省籍……所謂什麼是整體社會最完整的教育。它讓我發現真實的世界，不曾於社會迷幻的價值中下沉。

和我經歷類似的是蔣勳，他高中考太爛，唸了強恕高中，因此碰到了一位好老師「陳映真」，從此改變他的一生。

教育從來不只是「優異」的成績。讓孩子們有機會走過山、走過水；讓他們的成長歲月除了成績之外，有天有地，最終有能力找到自己的位置。

有的父母親一心把孩子送入「明星高中」，其實只不過滿足了父母自己認定的「成功慾望」。誰又背得出王永慶、高清愿、張榮發、郭台銘、蔣勳、嚴長壽……畢業於什麼明星學校？

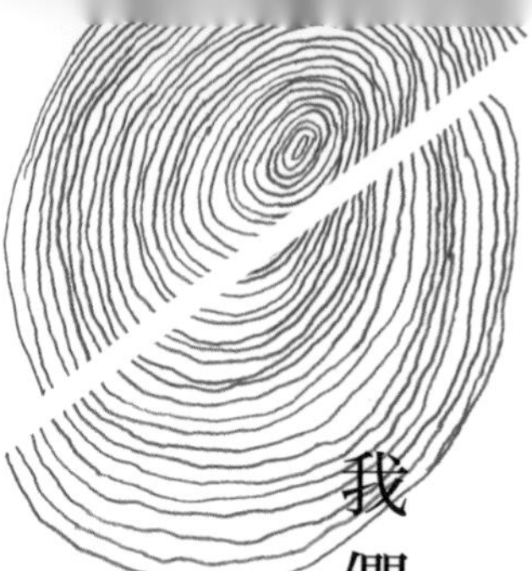

# 我們的時代



我們的時代，以憤怒爲名。

如果以失業率計算，我們已經比二〇〇八年好太多，僅三・九一％；更甭提上個世紀經濟大蕭條或者我的父母輩經歷的戰爭時代。著名的經濟學家約翰・加爾布雷斯（John Kenneth Galbrath）回憶上世紀大蕭條，他在美國洛杉磯度過一個難忘的聖誕節，街道滿是伸手乞討的人……眼光絕望且恐懼。而今日即使發生政變革命的烏克蘭、泰國，或者讓甘地家族統治徹底崩潰的印度，經濟均未出現負成長，印度甚至仍保持五％的經濟成長率。

但世界各地仍充滿了憤怒。眾多原本善良的靈魂，感覺自己正被逐寸逐寸輾碎。所謂「歲月」，其實是一台不肯停止輪轉的輾紙機，把人生切得愈來愈碎。我聽見曾經平靜的心靈，在狂風中渴求依歸，在喘息中發洩無奈。是的，我們還活著，好似活在一個小幸福的世界；可是我們被巨大的不安包圍著，心中曾有的溫暖、勇氣、信賴，漸漸被冰封。即使在高溫的春天。

我們的時代，正和「安定」道別。少數維吾爾激進分子尋找數百年前歷史的仇恨，四處瘋狂屠殺；敘利亞的人民即使歷經三年內戰僥倖活下來，也只能在墳墓堆裡找樹葉吃，餓著肚子勉強活下來。你哪裡需要再翻閱「大江大海」，那些因戰亂、屠殺、革命形成所有的悲劇故事，都在當代上演。

只是這回人們何以如此憤怒，許多人不解。尤其臺灣統治者，他們面臨民眾對體制的不信任、矛盾的尖銳化、社會的不安情緒，簡直到了洪荒處境、束手無策的狀態。

我的答案之一：我們的年代，是一個已經進行全球化約半世紀的年代；但除了少數人在過去半世紀曾對「全球化」中的「貧富結構」及「年輕人疏離」提出警語外，我們對全球化的價值，其實一直是以擁抱韓流歌手 Rain 一般的相同趣味，毫無思考，全盤接納。非常少政治經濟學家或者歷史學者告訴眾人眞相，「全球化的特徵之一即：除了少數特殊能力或行業者獲利及薪資愈來愈高外，低薪本是全球化的常態；而且未來必然愈演愈烈。」

臺灣相當流行的一句話：我們的平均薪資，已退回十五年前！「搞什麼」！「太悲哀」。近日美國福特汽車的工會幹部含淚控訴他的薪資，若依物價指數換算，已退回三十五年前！他們誓死反對美國與日本再簽訂跨太平洋戰略經濟夥伴協定（ＰＴＴ），降低日本汽車關稅，他們明白地指控白宮被收買，並要求：我們有活下去的權利。

半世紀的全球化使資本主義多數時刻所向披靡，但那是對跨國公司而言。一九七〇年代美國工廠大量外移至亞洲，包括臺灣；而我們正是嚐食那一波「美國工廠大外移」的受益者。我們因此毫不自覺，有一天，工廠也會從我們這裡移走。如果有人指控今天是「中國人」「偷走」了臺灣人的工作；比較正確的說法應該是，一九七〇年日本、臺灣、韓國、香港人……集體相繼從美國藍領工人或者黑人手中「偷走」了他們的工作；我們以低薪、勤勞加上靈活的存貨管理（日本人的發明），奪得了全球化的第一棒；然後九〇年代中國大陸驚人的勞動力出現，曾經我們一度「偷來」的工作，交棒了。如今是蠢蠢欲動的東南亞越南等國更廉價的勞動力，甚至尚未完全釋出的非洲工人，將一步步「搶走」中國人的工作。

二〇一三年我於臺大授課時，曾問國企系學生，支持翁山蘇姬的請舉手；當然全班舉手。支持緬甸開放的人，還是全班舉手。接著我告訴他們，緬甸的民主化與政經改革代表當地豐沛的勞動力釋出，約三千五百萬緬甸人將加入廉價勞動市場；緬甸人均ＧＤＰ僅九百一十四．九美元（二〇一三年），換算成時薪等於越南工資的一半，中國大陸工人薪資的四分之一。而按照聯合國國際勞工組織（ＩＬＯ）統計，全世界尚有約

緬甸於二〇一〇年結束軍政府統治，同年民主運動領袖翁山蘇姬被釋放。二〇一二年翁山蘇姬當選聯邦議會人民院議員，緬甸民主改革的進程持續進行。（圖片來源：建築師陳瑞憲提供）

十三億勞動人口尚未整合於全球化勞動市場。說完了，我再問學生：「你們還支持翁山蘇姬嗎？」全班約三百多個學生哄堂大笑，然後可愛地說：「還是要支持。」

如今出現於亞洲社會所謂「年輕人疏離」的現象，對美國社會學家一點也不稀奇。上世紀八〇年代美國歐洲等發達國家早已陸續出現此現象，經濟合作暨發展組織（OECD）的報告，一九八三年即相當憂慮「年輕人大量失業」、「可能會造成其與社會有經驗者日漸疏離」、「世界逐漸分裂成他們和我們」，而所謂「他們」指的便是美國工廠外移後，工作保障及經驗皆不足的年輕世代。OECD的結語：「這樣一個社會，當中一定會有某種危險存在。」

OECD的憂慮，最終並未全然釀成危機；很大的原因來自於網路科技的創新。它不只解決了八〇年代美國青年的徬徨，也使比爾蓋茲、賈伯斯一一馳騁商場；但是底特律工人、底層服務業及製造業工人可沒那麼幸運，他們的窘境，自一九八〇年至今，始終沒有解決。根據統計一九七〇至一九八〇年，美國長途電話通話次數增加三倍，接線生卻銳減四〇％；到了二〇〇〇年幾乎銳減八〇％。發達國家的工人人數不斷縮減，而且隨著全球新興勞動市場崛起，速度愈演愈劇烈。

焦距轉回亞洲，當全球化把主要的目光一度轉向亞洲時，我們也同時複製了美國戰後「黃金年代」對美好假象的錯誤認知，我們誤以為「一切就會如此美妙下去」，年年「自動加薪」理所當然。我們是時代的男主角、女主角……只要我們夠努力。

二〇一三年我於臺大國企系授課時，曾提到緬甸的民主化與政經改革代表當地豐沛的勞動力釋出，而全世界尚有約十三億勞動人口尚未整合於全球化勞動市場。（圖片來源：陳文茜提供）

全球化的結果，固然帶來世界經濟不斷地擴張，但同時貧富差距及不同國度的勞工被拋棄也在同一時間以加速度進行。曾經的風光不再；以爲美好，空留回憶。日子如流沙，一點一滴逝去。不服氣的人們，製造騷亂，無論號稱的「革命」成功與否，一切都會回復到原始：那台從來不會停轉的殘酷資本主義輾紙機。

就是這樣了。

呼嘯之後，世界靜寂了。周遭的喧鬧總會散去，但關於「全球化」的故事，不論發生多少事件，它只會暫時放緩腳步，不會結束。有什麼事情發生過嗎？什麼尖銳聲音喊叫過嗎？連發動革命的人，都已學會了「淡化」。我們改變不了全球化的軌跡，世界各國政府皆俯首稱臣；愈憤怒的，反而愈走不遠。不如面對這場「物競天擇」的規律，找回強壯自己的肩膀吧。

在春夏之交的暴雨中，過往的美好，今日的蒼茫，都會被洗刷乾淨。全球化或許留給許多國家的政治地層巨大的裂痕，甚至移動，但尋找答案的方法是把自己從單一一個小點中抽離出來，嘗試從歷史脈絡中理解發生於我們當代的現象，並正確地提出改革方案。可悲的是多數國家反而出現回頭擁抱「舊政治」的現象，尤其擁抱排他性的「認同政治」、「民族主義」，並以民粹性質的社會運動煽動渲染，同時敵視外來移民，或攻擊其他崛起的經濟體……這種憤怒，在我們的時代只會形成更大的灰白與空茫。

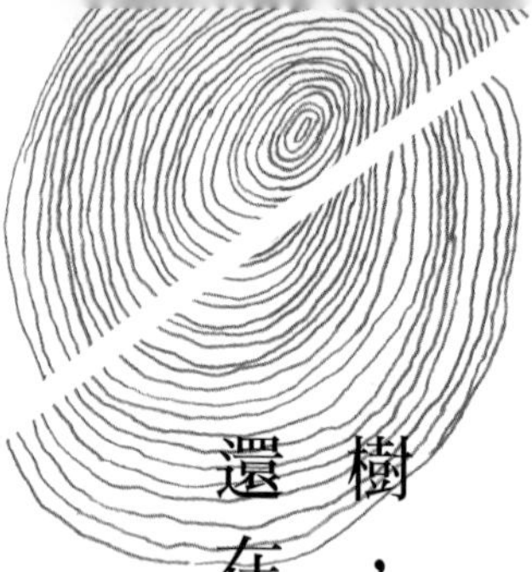

# 樹，還在嗎？

過去一百年來，人類最積極擁抱的兩大主義「資本主義」及「全球化」近來皆出現枯萎狀態。

它不再能提供曾經許諾衆人的遮蔭大樹，一場金融海嘯的大風雨，折斷了百年枝幹；當經濟大衰退陰影慢慢褪去，僅存的樹隙間，葉落花殘，原本樹下遮雨之人，只能仰著頭，看著枯葉好似頑強佇立，又好似隨時即將掉落；然後任憑陽光穿過枯葉曝曬我們，雨落我們頭上。

「幸福」已不在樹下，在他方。他方又在那裡呢？世界經濟的下一步，經濟大衰退後整整六年，答案仍未知。我們該相信什麼？或者，還能相信什麼？

於是在臺灣，有一群年輕人他們選擇一個個走上自己的路，爲他們相信的「眞理」而戰。「體制」剝奪了他們，他們要「體制」付出代價。從一些「小事件」起，有的介入「他人民宅」都更的糾紛；有的擴大為「工業區徵收與土地居住正義」的殊死之戰；當然在某些他們偏好的政黨統治城市，例如「反臺南地鐵地下化東移事件」他們的旗幟會突然揮舞得虛弱且應付了事……這些小事件終於累積能量，直至「占領立法院」，形成臺灣全面「街頭政治」的景觀。

但他們不是唯一。

二〇一四年四月二十五日北歐福利天堂國家芬蘭爆發近年來最激烈的群眾抗爭事件。大約千位民眾，不滿政府刪減一％的社會福利預算，試圖衝進國會「占領」，最終芬蘭警方以催淚瓦斯及辣椒噴劑強力驅離。芬蘭的抗爭震撼了世界，事實上此次參與抗爭的群眾並不多，訴求也不盡合理；抗爭者在社群網站如 Facebook 上，發出「受夠了」的信號，宣稱「福利國家已死」。事實上呢？人均排名世界十四，芬蘭仍是最模範生的福利國家。然而歷經這場經濟大衰退，芬蘭財政收入的不足，已使二〇一三年芬蘭財政赤字占ＧＤＰ的二・一％；爲了達到預算平衡，芬蘭政府決定選擇去年起經濟慢慢復甦而非人民最痛苦時，削減政府支出。內容包括退休年齡自六十三歲延至六十五歲，減少家庭津貼及兒童福利與失業安全給付。總體計算只將社福支出五四％減少不到一％，而且爲了保障未來孩子競爭力，教育預算全數保留一分不削減，國家仍提供免費高品質教育。芬蘭的貧富差距基尼係數僅百分之二六・九，世界排名第九，比世界銀行的百分之四〇，「平等」指數相當卓越。然而對那些準備衝進國會「受夠了」的人，上述描繪的全球財政敘述，只是「一堆屁話」；他們未曾參與垃圾債券的製造，也不曾支持華爾街的貪婪，對他們的「直覺」而言，痛苦要他們承受，就代表「福利已死」。

「不滿」如瘟疫蔓延全世界；相對於一九六八年西方運動風潮，值得一提的是這次的口號，大多高舉「平等」、「貧富差距」。

金融海嘯如過往的戰爭重創各國體制，也弱化了每一個國家的政經穩定性。矛盾嚴重的國度，發生革命（阿拉伯之春、烏克蘭、伊拉克）；內部夾雜歷史仇恨、國族認同的國家，走向「準革命」（泰國、委內瑞拉）；領導正當性薄弱的政權，發生憲政危機（義大利、臺灣）……。資本主義全球化的大樹下，再也遮蔽不了多數的人們，憤怒的人群走入曠野，吶喊、破壞、推翻、盡情地呼叫揮霍，這個世界本已僵化，誰又有耐性血液流暢地思考，「世界變革」該往那裡去呢？

激情決定了一切！

兩個方向正在西方學術界同時辯論與反省：一是資本主義，一是對全球化的徹底反省。法國經濟學家皮克提（Thomas Piketty）的《廿一世紀資本論》（*Capital*）因此一鳴驚人，在歐洲、美國皆高踞暢銷書榜首。皮克提認定目前我們正退回十九世紀財富過度集中的資本主義危險境界，政治體制被少數財團把持，富人巨大的財富有些並非「憑本事」應得的，他們透過遊說、修法、免稅、離岸中心置產、甚至司法收買、內線交易……最終把「民主」聚集於一小群寡頭經濟菁英手中；攤開今日多數人的財富，多是繼承或對社會毫無貢獻的經濟活動劫取而來。

皮克提的說法有其依據，慈善團體樂施會（Oxfam）近日曾公布全球一百個人所擁有的財富，等於全球最貧窮的半數約幾十億人財產的總和。皮克提及兩位諾貝爾經濟學獎得主克魯曼及史提格里茲皆主張，只有政府介入透過稅收制度的財政手段，財富重新分配，而非進一步全球化；資本主義才能健全地走下去。

近日OECD於二〇一四年五月七日巴黎四十七國共同簽署一個歷史性宣言，可說是一項重大發展。《巴黎宣言》承諾迅速修法，結束境外洗錢的時代，全球共同防制逃漏稅。四十七國中包括洗錢王國瑞士、新加坡，及著名的開曼群島等。境外金融中心（Offshore Financial Center）崛起於一九八〇年代，那個相信「全球化」一切美好的年代。這些「金融中心」的崛起，解除了各國國際匯兌管制，使富人不必在自己的國家繳稅，只要網路滑鼠一按，即可將一筆法、英、台、日……的資金轉移至各「避稅天堂」。全球各小國爲爭當租稅天堂，自一九七〇年代二十五個至二〇〇五年底已共七十二個國家，爲富人提供「全包式」的私人銀行服務，也使各國稅收繳稅者多爲中產受薪階級。

這種本來已持續近三十年快速竄升的不平等現象，伴隨金融海嘯，終於爆發成對「自由市場全球化」全面的不屑與挑戰。

美國規畫以太平洋爲主的自由貿易協定（TPP）或大西洋服務業爲主的自由貿易協定（TTIP）目前幾乎皆無進展。除了各國利益團體無法妥協外，每個國家內部也因這場經濟衰退帶來的貧富差距拉大，皆出現政治極端不穩定的緊張狀態。除了臺灣領導者，各國領導人對於哪些項目該開放，哪些項目該保護，皆小心翼翼。

對熟悉資本主義的人而言，我們經濟上的苦日子，尚未結束；政治上的災難日子正在全面啓動；未來是一條黑暗的路。一九二九年大蕭條的資本主義危機，最終導致恐怖的失業率（四四％），法西斯崛起，二戰的死亡受創，加上各國戰後均以「社福政策」化解那一波的階級矛盾，終而解除資本主義的危機。而目前二〇〇八年的資本主義危機，從經濟面看危機似乎正在褪去；從政治體制面看，它的危機其實正在凝聚。皮克提依據三百年來GDP增速不過每年一％至二％，但投資回報率平均維持四％至五％；以一百年計算；富者財富可翻一百二十八倍，一般人僅八倍。皮克提因此稱「資本」

本身，就是製造貧富差距的數字機器。

而當柏林圍牆（一九八九年十一月九日）倒塌後，資本主義世界傻傻地正在慶賀自由主義勝利之日；也象徵著從那一天開始，世界近二十億人口加入了全球化的勞動市場。那是一個重大的分水嶺，直到二〇〇八年雷曼兄弟倒閉前，「自由市場全球化」如奧黛莉赫本的形象，純眞、善良、美好……地球上已不存在任何對「自由化」的批判或節制力量，直到它從美麗的赫本成爲「泡沫怪獸」。

一個全球化被忽略的現象是，柏林圍牆倒塌後，廉價勞動力沖入市場，如滾滾黃河，嚴長壽曾回憶他如何親眼目睹「美國運通」（American Express）從紐約曼哈頓搬到租金便宜的紐澤西……最終客服外包至印度。

於是低薪成了一種常態，除非你生對了時代、賭對了行業，運氣挖到了「第一桶金」。但更多的現象是：加入勞動市場的人力及能力愈來愈豐沛，新興經濟體的竄起不只威脅北半球舊資本世界人民的生活水平，也威脅才剛崛起的日本、韓國……尤其經濟停滯的臺灣。我曾經於《只剩一個角落的繁華》書中，告訴年輕低薪者，「世界對不起你們，這不是你們的錯」；皮克提在他的書中也直接告訴所有無法過著高級生活的人，「不用懷恨在心，低薪不是你的錯……」。

不幸的是當我們告訴眾人低薪是一種「新常態」、「莫懷恨在心」時，同一時間即使古老的民主體制，也發生了「完美盜竊式」的現象。某些富人在「合法的遊說獻金」制度保障下，把自己的「盜竊」以驚人的公關、收買、包裝手法，犯罪被完美地掩蓋並根深蒂固於體制之中。皮克提說：「就算我們極力美化，這個時代正朝著最壞的時代而去。」除非稅制制度做出重大改變，富人理解並讓步，不再干預（包養）國家，將富人最高收入所得稅率大幅提高，銀行透明，杜絕境外洗錢。否則皮克提預言，資本主義的受益者，將目睹整個體系，步步崩潰。

每一首蒼老的故事，總是寫在狂風暴雨吹打後；每一首嘆息的詩句，總是出現於人人明知其危險卻無心改變的愚蠢後。

我們可以譴責不負責任的街頭猖狂及失序，但我們終究不能逃避面對當代體制失靈的危機。當老樹已凋零，遮蔽我們眾人安然的新樹，在何方？

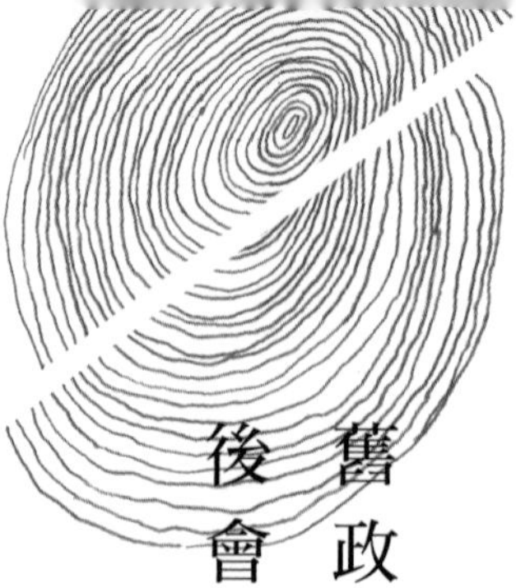

# 舊政治，後會有期

所謂「舊政治」指的就是我們在歷史中經常閱讀導致戰爭的「民族國家」、「種族主義」、「族群政治」、「愛國主義」……也是現代生活，我們還會看到一些如「性愛高潮」般街頭吶喊的「國家主義」。「舊政治」如乩童附身，它可以把一個文雅之士，變成另一個狂人；把一群高級知識分子的腦袋，還原成動物園裡的黑猩猩。

「舊政治」在現代政治中，幽靈不散，往往與「經濟」或「政治」的挫折有關。二〇一四年五月的歐洲議會選舉，對歐洲領袖簡直是一場歷史捉弄。歐盟及歐元的產生，即是對「舊政治」導致「兩次世界大戰」的反省；歐盟的整合代表向十八世紀產生的「民族國家」道別的儀式。在歐盟整合中，過去法國一直是主導者；如今也是反歐盟力量最大的根源地。

經過半世紀的實驗，法國如今蔓延著對資本主義的憂慮，對英美的不信任，對移民的排斥；法國把自己沉浸於怨恨之中，陰鬱的巴黎鐵塔即使到了春天，仍顯得笨重且過時。當地的民眾分享著我們熟悉的情緒，把「開放」和「移民」都當成威脅，而非機遇。

曾經讓法國驕傲的所有一切，如今皆停滯不前。美食、紅酒、奢侈品……除了少數品牌外皆一一落敗。凡爾賽宮重修後，當地的導遊得說著英語（這簡直好比割了他們的舌頭）、甚至用中文向吵雜的遊客說「曾經」的法蘭西榮耀。卡地亞、香奈兒……等徵聘巴黎本店售貨員，第二語言要求的也是「中文」。法國人沒法抱怨習慣嚷嚷的中國客徹底顛覆了他們高尚安靜的文化；但他們可以仇恨於法國餐廳旅館裡基層工作時薪比他們低的阿爾巴尼亞移民。

《紐約時報》專欄作家羅傑．科恩（Roger Cohen）描述了現在的法國：「Rien Ne Va Plus，意思是什麼都不對頭了。……難以言傳的法式暴躁情緒；氣急敗壞之下，又帶著古怪的挫敗感……這個國家患了消化不良症，看的永遠是一杯半空的水。」

巴黎街上仍有香頌的回憶，但法國人們很難不生氣麥當勞、星巴克「攻進」香榭里舍；有如一支匕首，刺入巴黎人的胸膛，他們稱這是「低級」文化對高級文明的「占領」。其實所謂占領只是一整排香榭里舍大道的兩家店面；但它足以使巴黎人危機般地恐慌他們終將一點一滴地失去一整條香榭里舍。

過半世紀的實驗，法國如今蔓延著對資本主義的憂慮，對英美的不信任，對移民的排斥；法國把自己沉浸於怨恨之中。（圖片來源：陳文茜提供）

法國人看到的，永遠是一杯半空的水，抱怨、平庸，充斥著法國電視頻道。詐騙、欺瞞，是他們在跳蚤市場報復外來客的方法……像台灣人「宰陸客」。

於是二〇一四年的歐洲議會選舉，曾經是「歐洲」概念的領航員法國，國內極右派政黨「國民陣線」打著「反歐洲」旗幟在法國獲得了二六％選票；法國執政的社會黨在這場大選中只贏得一四％選票。法國之外，英國、奧地利、丹麥，這些曾經於歐洲帝國史中分別代表重大角色的國度，皆有超過一五％的選票投給反移民、反歐洲的極右勢力；其中英國反歐的獨立黨（ＵＫＩＰ）還獲得了二八％得票。

法國總理稱這次歐洲議會選舉對整個歐洲是一場「地震」。抵制歐盟的力量在希臘當然更嚴重，他們不檢討自己詐欺加入歐元區，不感謝德法紓困，左派民粹主義政黨（Syriza）大勝執政黨，信奉納粹主義的金色黎明黨也在歐洲議會獲得了幾個席次。當傳統的政治力量被批評為「官僚」、「僵硬」一無是處時，取而代之的不是什麼高明的「新勢力」、「新主張」；反而全是「舊政治」的復辟，西班牙高叫「我們可以黨」除了反財政緊縮、反低工資外，便是反移民、反開放、反歐洲認同。

歐盟共二十八個成員國，多數國家處於高失業率經濟零成長狀態。沒有一個國家的「新興」政黨，嚴肅地檢討過去「工時過低」、「退休過早」、「社福支票亂開」……簡單講，歐洲人太懶，最終使歐洲喪失競爭力，這件「事實」沒人承認也沒人面對。所有的憤怒出口，

歐洲一直是思想的搖籃，從啟蒙、民主、自由、民族國家到歐盟，如今歐洲的「實況轉播」其實等於在告訴全球一件事：經濟大衰退後，那個歷史的幽靈又回來了，曾經撕裂世界的「認同政治」又回來了。（圖片來源：陳文茜提供）

全湧向「國族認同」、「反歐盟」。

法國極右派國民陣線領導人是位聰明內斂的女性領袖瑪琳．勒龐（Marine Le Pen），她於競選期間最常提到的字眼便是「我們的憤怒」，每一場造勢場合皆放著〈馬賽進行曲〉；瑪琳．勒龐這一招共獲得四三％工人和三七％失業者的選票。法國總理的話，我聽了莞爾熟悉也嘆息，「長期以來，我們的國家一直面臨認同危機，有關法國在歐洲的地位及歐洲在法國地位的認同危機。」

法國目前二〇一四年第一季失業率一〇．二％，去年經濟成長率〇．三％；經過這場大選，未來歐洲議會代表的絕不只是「歐洲一體理想的破滅」，更是對現狀經濟不滿後，回頭擁抱舊政治的「議員組合」。共

曾經讓法國驕傲的所有一切，如今皆停滯不前。美食、紅酒、奢侈品⋯⋯除了少數品牌外皆一一落敗。（圖片來源：陳文茜提供）

七百五十一席中，反歐派獲得一百四十席，約五分之一。裡頭成員有仇外種族主義者、有否認大屠殺的新納粹主義者、有反歐派的杯葛者……歐洲若干專家預言未來歐洲議會開會時，可能出現「不文明」的會議過程。（我心裡想，該不會演出台灣立法院的局面吧？）

德國是此次極右派的輕災區，這個在八十年前全球極端種族主義的濫觴地，此次歐洲議會大選反移民派僅獲一％取得一個席位，質疑歐洲一體化的新政黨獲七％選票，執政聯盟仍大勝。德國總理梅克爾面對歐洲「舊勢力」的崛起表示「值得注意，令人遺憾」，她認為各國只有讓經濟成長、就業回升，才能贏回「歐洲」選民的信心。

歐洲一直是思想的搖籃，從啓蒙、民主、自由、民族國家到歐盟，如今歐洲的「實況轉播」其實等於在告訴全球一件事：經濟大衰退後，那個歷史的幽靈又回來了，曾經撕裂世界的「認同政治」又回來了：「舊政治」對失業、國家競爭力、貧富差距一點貢獻幫助都沒有；但它向來是顆迷幻藥，迷惑脆弱時代脆弱的心靈。

歷史的風吹回來，歷史再次複製，複製文明的墮落，複製思考的墮落。於是我們看著世界上各地有識之士紛紛加入動物園的黑猩猩行列，成了我們生活中再也逃不掉的鄰居。

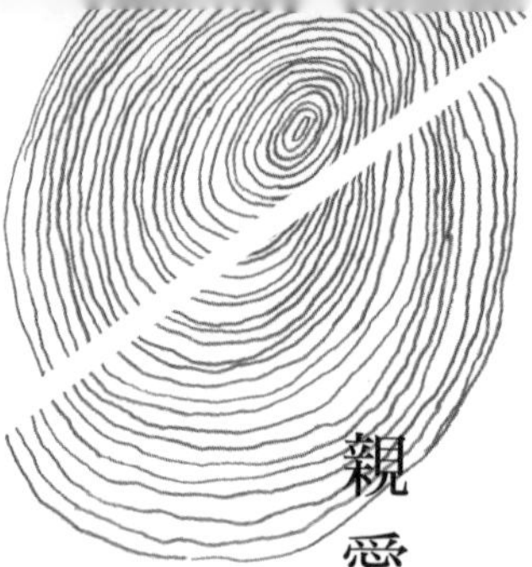

# 親愛的人生

慧君已經走了。約莫二〇一三年一月，她的字還在，薰衣草森林的員工說：「這是她留下最後的繪圖與文字之一。」那個看板掛在苗栗「薰衣草森林」明德店圍牆外，粉蠟筆書寫：「幸福往前五十大步」。

她先走一步，幸不幸福與她已經無關。活下來的你或妳，看到「幸福」兩個字，可能仍有甜味；可能已經怒氣沖天，「這個時候，談什麼幸福？」那麼幸福離你，可能五千大步也到不了。

詹慧君往生前，我最後一次在金瓜石見她，也是她一手裝置創辦的「緩慢民宿」頂層和她聊天。當時她已罹肺腺癌第四期，化療之後，理了一個平頭。金瓜石的風很大，底下是陰陽顏色交會的海水，山一層一層堆高，地底顏色都是洗淘「金礦」留下的雜質。這裡的金

生命在可測與不可測之間，每個人必須選擇「自己對幸福的定義」。北海道緩慢民宿一隅。（圖片來源：文茜世界周報提供）

已被掏空了，像如今的我們，留下的只有詭異奇特，不似人間。我上回造訪金瓜石時只有二十三歲，採訪一名因「泰源監獄暴動事件」被槍決政治犯的母親。當時的她也已經雙眼失明，年輕的我如此形容：「有些世界看不見，比看得見好。」

三十多年過去了，金瓜石的風依舊，風聲很兇猛，不是嗚咽型的，來勢洶洶。慧君的聲音小，風一吹，聲音一下子就飄到空中。我始終沒有聽清楚太多她的話，只記得她平頭下的笑臉。民宿入口、小書房、頂層陽台上……，到處塗鴉著她的繪筆，「人要慢慢地走，靈魂才會跟得上」、「幸福，就是跟妳說：妳很棒！」配圖小郵箱，站立等待幸福的小女孩……聊天了一會兒後，我問她：「妳幸福嗎？」她擋住風，大聲地說：「幸福啊！」然後掉了淚。

詹慧君的故事許多人已經知道，她與學鋼琴的林庭妃兩個女生丟掉城市優渥工作，跑到臺中新社山上胼手胝足，開始了「薰衣草森林」的傳說。幸福已在她身上，靠的不是運氣；她曾如此踏實、不怕吃苦、努力追尋。她哭的是：幸福即將離她而去；但更多的是哭她感謝自己生命雖短暫，卻早預知了人生「最貧窮的事，莫過於怠慢錯過了幸福」，她多麼謝謝自己及時於三十歲時已勇敢且努力尋夢抓住了幸福。

和詹慧君聊天時，陰陽顏色的海浪，一個波浪接著一個波浪，繼續拍打，一點也沒有停歇的意思。當年採礦淘金者的歷史遺跡，留下就是這些吧！時間不會停止，沒有回頭，遺跡是紀錄，嘆息是後人，生命在可測與不可測之間，每個人必須選擇「自己對幸福的定義」。錯過了，是你自己。

詹慧君即使到了死亡近身，試圖擱阻她的幸福之路時，只要身體許可，仍然以她無邪又熱烈的靈魂在每一個她創辦的花園、民宿，留下祝福衆人幸福的話語。生命是絕美的誘惑，也是浪費的詛咒。命太順太長的人如此揮霍；命很短的人，頭也不回，對著僅有的時間，急急奔前擁抱幸福。她過世前一年半，仍然於北海道買下一間民宿，只爲了讓「薰衣草森林」回到亞洲薰衣草的故鄉。

那家民宿開了三年仍處虧損狀態。詹慧君走後，林庭妃與其他夥伴們堅持「初始」的夢。這一路走過來，兩個女生最明白的道理，不就是「堅持」嗎？堅持信賴

北海道「緩慢民宿」是詹慧君過世前一年半買下的民宿，只為了讓「薰衣草森林」回到亞洲薰衣草的故鄉。
（圖片來源：文茜世界周報提供）

繫住每個人的靈魂，有一根金線叫：「幸福的慾望」，堅持領會「快樂」的道理，日夜在心，一磚一瓦。那家北海道「緩慢民宿」，「文茜的世界周報」曾經造訪，東川小村裡許多人「職人」，一生只做「精」一項物品，距離花海拼布的美瑛只有二十分鐘自行車的距離。慧君當時的願望，讓「薰衣草森林」的工作者（她稱森林人），有機會在海外工作，學習敬業專注的態度。投資之前已經知道虧損機率很高，一年至少有四個月冰雪覆蓋，幾近無法營業。但「幸福」從來不是以帳本計算的；生命太短，某些事我們不得不執迷不悟，例如「美好」。

認識慧君、庭妃幾年，看著她們集中所有的意念，與俗世軌道「背道而馳」，當時只覺得「難得」。今年桐花季，重回認識她們的起點，一樣的季節，桐花依舊滿空漫舞，即使飄落也懂得給自己最後美麗的旋轉身影。時間從來不等待我們，臺北太多太大的聲浪，已經沒有人聽得見自己的台詞。「幸福往前五十大步」，慧君的看板還在，她的信念還在。你的呢？

到此爲止了嗎？這年頭告訴別人這些慧君留下的隻字片語，一個小女生的夢……是否已如星辰殞落……是否已成昨日？

慧君，已在岸的另一方。我想，她，不會同意。

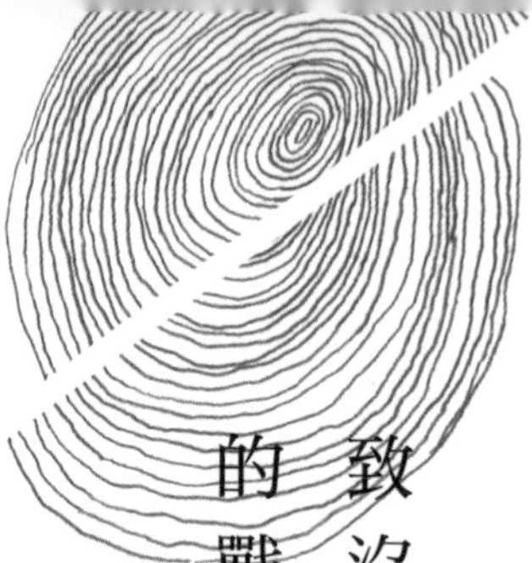

# 致沒有槍聲的戰士們

彥子從澳洲發了一則即時訊息給我：「請不要稱我們是台勞，我們正在學習、打工壯遊，累積自己的人生經驗。」

近來臺灣青年出國打工，成了新興社會現象。一家卓越的媒體可能心疼他們，稱之「台勞輸出啓示錄」。封面故事主要環繞臺灣過低的薪資、過高的房價、以致年輕人沒有出路，臺灣因此成爲廉價勞工輸出國。

彥子曾與我在同一家電視台工作，她的薪水約爲四萬五千元；決定打工壯遊的理由：電視台工作數年，內容重複、工時長，且有時爲了應付膚淺的觀眾口味，每天不得不幫數個節目剪輯鬼怪靈異殺人滅屍新聞。某天夜裡，彥子回到家裡黑巷口，一道閃閃之光乍現，她心頭膽顫，過會兒才驚覺那不過是鄰居家的耶誕燈。她倒抽一口氣，抬頭看了星星，突然意識天地如此之大，再回家照鏡子，望著自己疲憊的臉；她的青春沒有歡樂，只有說不出的陰鬱；那一夜她決定出走，打工壯遊。

她的第一站澳洲雪梨，第二站新加坡。每天早上聽英語新聞，出國前我建議她每天背讀一則主新聞標題：例如：「Russian Flag Flies Over Cremien Parliament After Pro-Russia Armed Men Seized The Building.」幾個月下來，她偶爾寄雪梨煙火照片給我，多數時刻她會分享自己於旅館打工和客人聊天的趣事。譬如她可以背出義大利十年期公債殖利率已低於三％，歐債危機已然結束；或者盈拉不會被反對派街頭運動推翻，但可能被法院判決大米補貼政策等同貪瀆而被迫下台……。她練就了調製雞尾酒本事，把它當健身；她的英文可以討論國際政治……她注意美國來的客人，北歐避寒的客人，英國的客人喜歡不同的Jazz……。

直到近日，她的媽媽問她：「彥子，原來妳是台勞啊！」她發現自己的壯遊，好似給了親人傷害；於是寫了一封即時訊息告訴我：「在臺灣我沒有夢，在這裡我有；在臺灣我的工作和這裡一樣苦，甚至工時更長，可是在澳洲、新加坡我會成長；在臺灣我只學會了抱怨，在這裡我看到世界各地聚集的年輕人，歐洲、美國、紐西蘭……這些失落的一代彼此鼓勵，彼此交換不同的生活文化經驗。」、「不，我們不是台勞」、「如果當年來來來，來臺大；去去去，去美國的臺灣人不叫臺灣美勞，爲什麼我們叫台勞？」

由於她的提醒，我認眞閱讀了該雜誌，其實只是標題以及某些面子問題惹的禍。此封面故事大致想凸顯幾件事：（1）臺灣不是四小龍，不只墊底，而且已然出局。（2）臺灣基層薪資過去十年，打了六折，相較之下，臺北房價卻漲了三〇%至五〇%。（3）臺灣年輕人薪資不到新加坡一半，於是至新加坡工作，再苦也要去；但臺灣駐外代表處卻沒有提供應有的協助。舉凡勞委會、外交部、青輔會對青年勞力輸出現象沒有數據，也沒有政策。（4）全球青年就業市場，皆處於無業復甦現象，即使韓國、日本也是如此；《朝日新聞》稱之「沒有槍聲的一場戰爭」。但韓國政府自李明博至朴瑾惠皆有方案，前期鼓勵青年「往外走」，十萬青年大軍，海外出征。十萬青年中，海外實習三萬、海外志工二萬、海外就業五萬。五萬就業大軍地點遍及四十五國，重點包括澳洲、美國、新加坡、中國；實習三萬大軍中，特別每年挑選一千人，針對韓國產業所需貿易、農業、建築、觀光、海外會展等由國家知識經濟部公費出國實習，練就功夫，再回來。根據統計，約六五％海外實習人才，都回流成為韓國國家競爭力的生力軍。

我們的年輕世代，如果懂得踏出去，請給他及她掌聲。在這場「沒有槍聲的戰爭」中，他們是勇敢的戰士。至少他們想辦法突圍，為自己活出有意義的自我。

剩下的問題不是她們的名稱需不需要叫「台勞」，而是政府對青年海外出征就業，政策在何方？

我們的年輕世代，如果懂得踏出去，請給他及她掌聲。在這場「沒有槍聲的戰爭」中，她們是勇敢的戰士。（圖片來源：Getty Images 提供）

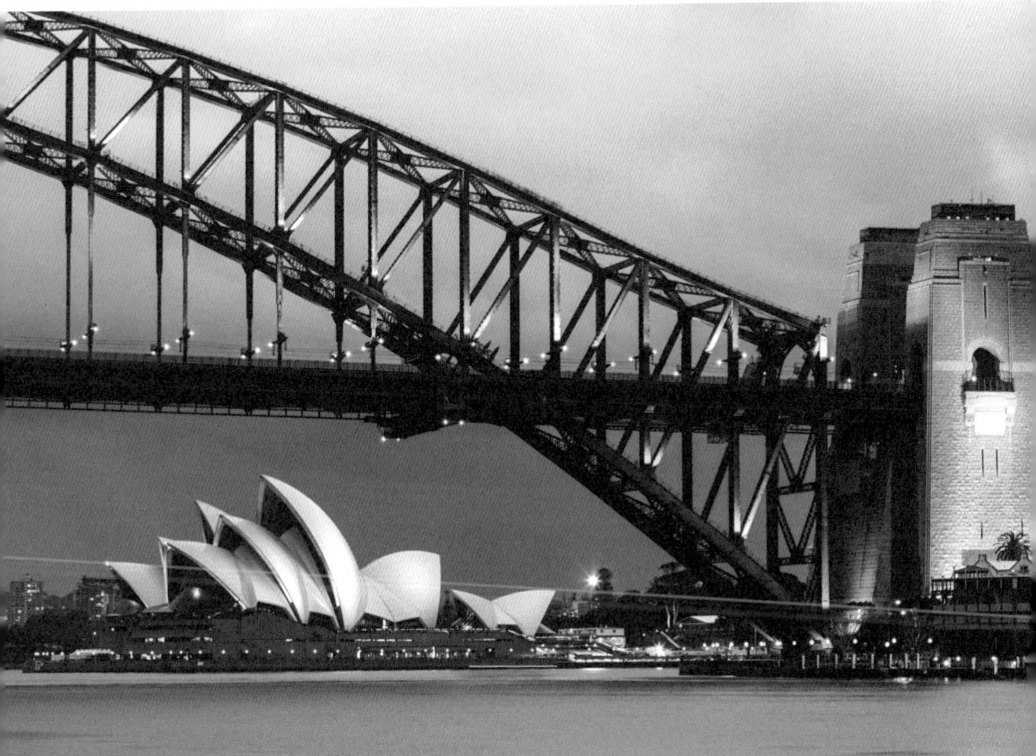

# 給年輕不抱怨的你

五年了，我們從驚恐、憤怒、痛苦……時間消磨了我們，我們漸漸習慣危機；近二千個日子逆來順受後，危機出現逆轉。二〇〇八年雷曼兄弟引發的金融大海嘯或稱經濟大衰退，終於結束了。

沒有煙火，沒有慶典，不像一場戰爭的結束舉國歡騰；它只是一連串冰冷的數據陸續公布，告知我們：最苦的日子，過去了。

經濟的大衰退，永遠引發戰爭。現在烽火連天的敘利亞，滿街屠殺的埃及……都是此波經濟大衰退，小麥通膨間接引發的戰爭。但比起一九二九年大蕭條，此波金融海嘯規模雖更大，代價和時間都小太多。大蕭條之後，各國主戰派紛紛昂頭取得政權，接著掀起二次世界大戰，死亡士兵約三百二十萬人，平民死亡每年平均六百五十萬人；大蕭條持續十六年。

而這場被比喻爲之後最大經濟危機，因爲歷史的教訓，全球同步量化寬鬆，特別美國頁岩氣開採成功，歐盟各國政治菁英決心捍衛歐元……五年，近日終於到了尾聲。

美國供應管理協會（ＩＳＭ）及聯準會褐皮書皆顯示美國經濟已溫和且穩定成長；歐洲德法經濟恢復正成長，連歐豬核心國義大利、西班牙採購經理人指數（ＰＭＩ）都處榮枯線擴張上方。我想告訴年輕人的是，時代曾讓你們錯過了一段青春，但原本關閉的門現已至少打開了一半，而你準備好了嗎？

當經濟恢復擴張，投資者即恢復信心，開始僱用人力。如果你仍停留於抱怨，忘記趁此機會儘快學習更多技能，尤其英文、資訊科技等……所有行動世代必須的就業準備，機會不會留給抱怨的人。

我常說自己沒有孩子，因此金融危機時看到年輕人，特別心疼地想拍一下他們的肩膀。如今時代的門漸開，我很擔心整個臺灣欠缺國際觀的環境，將扼殺年輕世代的機會。

臺灣上幾個世代雖窮，但七〇年代後遍地是黃金，只怕你不敢冒險。如今好似富裕了，但機會變少；而且競爭更劇烈。一個印度、越南、菲律賓的優秀軟體工程師，只需臺灣工程師薪水的二分之一，甚至四分之一；一個大陸選秀節目的評審，待遇是臺灣主持人十倍以上。以近日公布全球網速排名，前三名都在亞洲，第一韓國、第二日本、第三香港……臺灣在何方？我們市場其實學校教導的知識，只是人生事業基礎的十分之一。你得學習團隊精神，認識自己的優缺點，解決問題而非抱怨問題，觀察世界的瞬息萬變。過去時代對不起你們，未來端視你們自己的毅力，別對不起自己！（圖片來源：陳文茜提供）

已小，行動產業中，宏達電曾殺出一條血路，但本國的教育、網路環境及國家政策，能讓我們培植具全球競爭力的軟體人才嗎？

而我們的孩子無論打開電視新聞、報紙或網路，他們可能是世界上除了朝鮮少數被弱智化「最低能的資訊集中營囚犯」之一。

因此當美國出現頁岩氣革命、全球石化能源產業遷廠回流美國，特斯拉電動車（Tesla Motors）開始成了新一代破壞式創新產業，我們的年輕人多數渾然不覺；被迫活在一齣沒有劇情、好似巨大其實既荒謬又渺小的片場中，流失青春。

時間不是賊，它偷不走我們的青春；是我們自己讓時間從指縫間溜走。我想告訴年輕孩子們，不要被過去的挫折打倒，從現在起培植自己不斷學習的毅力。許多人以為離開校園，「學習」已結束，其實學校教導的知識，只是人生事業基礎的十分之一。你得學習團隊精神，認識自己的優缺點，解決問題而非抱怨問題，觀察世界的瞬息萬變。過去時代對不起你們，未來端視你們自己的毅力，別對不起自己！

青春是一張空白的紙，請大膽且恣意地填寫任何你想要的青春圖案吧！

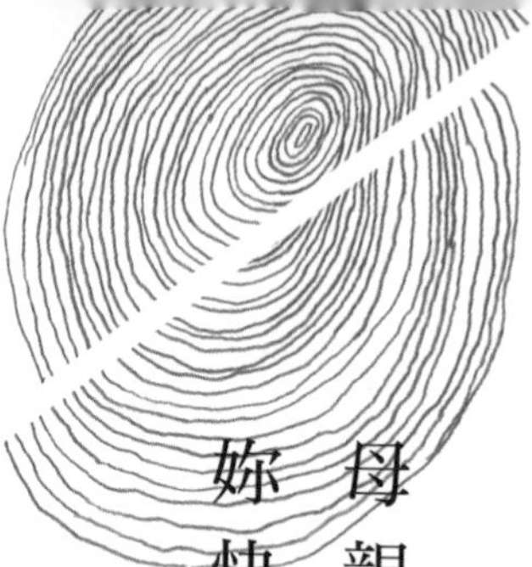

# 母親節，妳快樂嗎？

我們訂了一個節日，每一年，某一天，感念母親的撫育之恩。

在臺灣，當一個母親，妳快樂嗎？

首先妳不知道該給孩子多少愛，才叫適當？過往嚴厲的教育體系、貧窮社會尋求脫貧的氛圍；母親的愛，是一個便當盒，爸爸的沒有雞腿，孩子有。過往母親的愛，是燈下一針一線縫製孩子的衣裳。如今沒有孩子稀罕媽媽做的「土」衣服，母親也沒有時間爲孩子準備便當，孩子們更愛與同學至時髦地點外食。

其次，妳不知道該給孩子多少保護，才叫正確。以前的孩子，自己搭車上學，現在好像除了窮鄉僻壤、沒爹沒娘的孩子，個個接送。如果妳讓自己的孩子，成了下課時唯一站在門口找公車站牌的小孩，妳應該是位被視爲「巫婆」型的母親。可是愈來愈多的教育專家建議妳，「給孩子一個冒險的童年」；「過分保護」養育出的孩子，「將遲遲不能具備眞正的探索意識，且不能爲自己的行爲負責」……在專家的建議和「巫婆」之間，當母親的妳，於是左右爲難。

如果我告訴妳，漢娜．羅絲（Hanna Rosin）近日於《大西洋月刊》（*The Atlantic*）發表一篇名爲〈被過分保護的孩子〉，妳可能更加痛苦。她批評今日的父母太過度關注孩子的安全。四十年前，我們自己走路上學，街道上玩耍；沒有幾個孩子發生失蹤綁架的經驗；如今到處是「直昇機父母」，隨時空降準備幫忙孩子遇到「危機」時伸手保護。於是孩子們不能學習獨立，也不知如何尋找自己的創造力。社會學家查爾斯．默里（Charles

Murray）給青春期的年輕人如何「出人頭地」的建議，第廿條：「離開家」、「離開媽媽的干預與懷抱」。

如果妳的孩子，高中時告訴妳：「媽媽我很愛妳，但請讓我離開家，尋找自我。」妳會祝福他，還是失聲痛哭？

我不只一次聽到母親們抱怨自己的孩子「到了三十還叛逆」、「只懂得一味追求物質虛榮」。現代孩子們的世代，這是一種流行價值，父母的身教習慣再好也改變不了他們。尤其菁英學校的孩子們普遍自小受到溺愛，本來送孩子到這類學校是爲了學習更好的課本英語數學歷史等，結果他們和寵溺的同學混在一起，早早養成「有害的」特權意識，或者好吃懶作、虛榮的惡習。在臺灣，當一位母親，送孩子進普通中小學，怕他們長大不如人，捨不得；而省吃儉用供孩子唸貴族學校後，孩子卻流著一身奢氣回到家，「他」已成了一個妳不認識的小孩。

最後，在臺灣當一個母親最痛苦的是：孩子成了一群莫名其妙學者虛幻教改實驗的白老鼠。學者的「廣設大學」或許只是一時欠缺專業沒有惡意的「烏托邦」幻想，但二十年來層出不窮的教「改」，葬送的卻是千千萬萬臺灣母親們一手拉拔長大疼愛的孩子的一生。二十年教改，至今仍未找到它的方向；但我們已看到不可逆轉的現象。過多的大學供給，使「大學文憑」變成廢紙，不只與自我期望脫節，也與產業就業脫節。荒謬的「各式學測」，剝奪了孩子高中時期享受青春，結交朋友，探索自己創造力的時間；結果到了大學，別的國家同齡青年已在奮鬥，步步走上職業生涯時，他們還在晚熟地放縱自己、生活茫然，「玩」叛逆。意識型態教育的介入，更使得臺灣的孩子們，只有主義，沒有主張；只有本土，沒有國際。英文不如人，數學比前輩落後……在臺灣當一個媽媽，有時妳必須選擇默默地接受這一切，或者被迫成為教育公共政策的反抗者。

母愛，不再只是給予、付出等簡單的答案；它不是是非題，而是多重選擇題。

在今天的世上，多數經濟發達國家父母均面臨如何正確教養孩子的困境。在臺灣，當母親，尤其難。

母親愈來愈難為，深深祝福天下母親們。

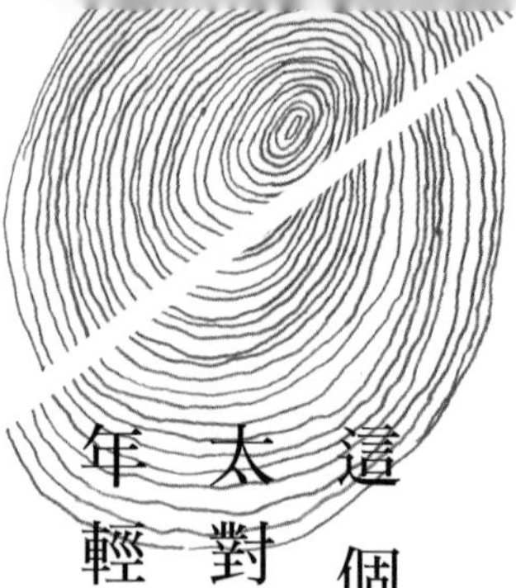

# 這個國家，太對不起年輕人

宛如是一名唸研究所時充滿文創理想的年輕人。畢業時在臺北找到了一份夢寐以求的文創工作，月薪不算低四萬。她於臺北市郊外租了一個小房間，開啓人生青春夢。一張床、一個書桌、房租八千元，上班地點大安區，搭公車加捷運約一小時。她每天七點出門，晚上加班至十點才下班，回到家裡已經夜裡十一點。洗把臉，沖個澡，喝杯熱水，想把白天工作不熟悉的地方翻書查閱一下，厚重眼皮已然垂下來；她只能倒頭入睡。她的工作是文創，但沒有太多時間寧靜蓄累自己的創意能量。她知道自己正在學習，但也正被掏空。

每個月她省吃儉用，吃、住、交通外，薪水只剩兩萬元。她寄了五千元給鄉下的媽媽，剩下二千元買書、偶爾看場電影、或者女孩子給自己添件衣裳……日子如此精打細算，她一個月大概存下臺幣一萬元，年利息〇．九％。

每天她在臺北大城市走過大樓公寓，對她那仿若一個永遠高不可攀的嚮望，那些報紙刊登的豪宅價格，完全是海市蜃樓，另一個世界。

宛如想回家，可是家鄉沒有文創的工作。她只能選擇當一名大城市中的小螞蟻，每日辛苦勤勞之餘，偶爾抬頭看看臺北樓與樓之間有限的窄小天空，「總有熬出頭的一天吧！」她如此激勵告訴自己。

工作三年，宛如決定增加收入，並且多觀察人群，週末到星巴克打工。我在那裡遇見了她，她藏了三週，終於鼓起勇氣拿著我的書《只剩一個角落的繁華》，盼我簽名。指著其中一行文字：「只要眞誠地專注於一些有價值有意義的人與事，那怕一無所有，光著腳，世界不會在我們的眼前倒塌」然後說：「我相信妳，文茜姐……我會專注努力下去。」

走出咖啡店，我手上那一杯咖啡是鹹的，因為裡頭滴落了我許多淚水。我們是一群作者，成長於臺灣起飛繁華的年代，我的工作是鼓勵現下挫折的人們；但現實體制的不公、失靈的世界對年輕人的壓迫，我無能為力。剎那間，我覺得自己多麼虛弱。

我們坐視臺北的房價高漲已到了「暴政」的地步，可是發出怒吼之聲的人卻少之又少。如今在臺北擁有一間像樣的房子，已經成為臺灣整個社會階級的象徵。年輕一代渴望工作或者有前途的機會，均聚集於臺北。在臺北沒有一棟房子，代表你的孩子皆是「宛如們」；他

我們坐視放任臺北房價高漲，已到了暴政的地步。（圖片來源：Bloombery via Getty  Images 提供）

們的青春不是拿來作夢的，而是拮据疲困的。由於房租、外食……打從青春時期，他們的生命即銬上了枷鎖，沉重無比。父母親是否擁有一棟臺北的房子，對年輕人而言好似印度的「種姓世襲制度」，擁有者青春是彩色的，非擁有者只能蝸居某個角落；她的青春注定是黑白的。燈會LED照映的色彩中，宛如走入繽紛世界，她笑著和其中一只象徵奔馳的馬燈，拍拍照，希望有朝一日能和停滯的生活告別。

自從經濟大崩壞之後，全球皆實施接近零利率政策……隨之而來的便是資金不流入生產，反而流入大都會房地產。房價攀升，在瑞士、德國、香港、東京、倫敦、吉隆坡……唯一有效控制的是新加坡。但這些所謂房價飆漲的國家，柏林漲幅一〇％，瑞士九％，香港約三五%…而臺北有的甚至高達二〇〇%。一位想競選臺北市長的候選人告訴我，臺北的高房價在國際市場上簡直毫無道理，他很想問中央政府在做什麼？因爲地方政府毫無權限！我告訴他香港近日政府釋出大量土地，準備蓋公租屋打房；德國準備課房價暴利稅高達四〇%，若炒房利益超過二五%，問責刑事罪「坐牢」。這些國家皆明白一件事，房屋並非僅是經濟產物，它同時是基本人權，任由房價高漲的政府，是殘害基本人權的政府；其意涵不下於迫害「言論自由」、「人身自由」。尤其過高的房價對經濟沒有助益甚至有傷害，等於變相鼓勵人們將資金從具生產效能的領域抽走，投入死灘灘的土地。

臺北房價「大躍進」的眞相是全球經濟大崩壞後，

政府無能且失靈的產物。一％有錢人資金囂張肆虐，政治淪爲利益團體的工具，政策變成爲富人量身打造的提款機。公義淪喪，政府無視一船民衆的痛苦，喊了許久的「社會正義住宅」或「房屋平台」，仍如空中樓閣。自二〇〇八年以來，產業更空洞化、競爭力更衰退、社會更貧窮化。以致一個不向命運低頭的女孩，只能抓著幾句書寫者的語句，每日如誦唸珠般，不斷安慰自己。

這個國家，太對不起年輕人。

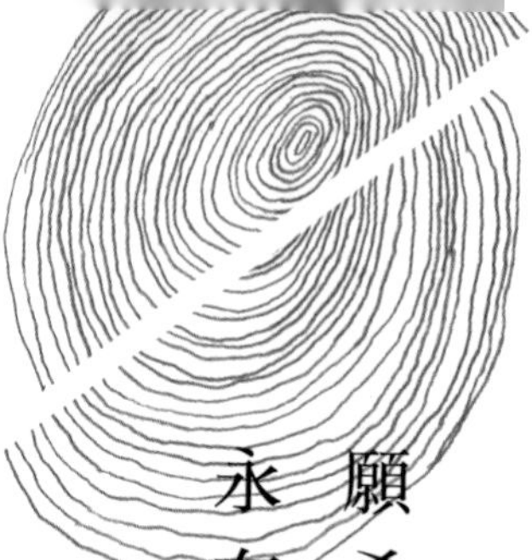

# 願希望 永在路上

或許，每個人皆曾有那麼一段一無所有的青春。但我關切的是：「希望」會在現下年輕人生命的路上，一路相伴嗎？

撰寫〈這個國家，太對不起年輕人〉後，有迴響有評論，當然也有不同意見。我在花博「集時行樂」文創市集碰到一名手工修古董的年輕人，他說：「謝謝妳告訴我，我目前擁有的多麼幸福。」集時行樂區在幾位作夢的藝術家支持下，爲年輕人開創每月租金僅一萬二千元臺幣的文創攤位平台。這位修古董的年輕人，留著一小撮上世紀文人的鬍鬚，一旁的老皮箱有些霉味，乘著光陰才能積累的厚實。他說：「我多麼感謝自己生在臺北，爸媽家頂樓的小皮屋當工作室，今天我才能坐在這裡，守著我的夢。」花博燈會使當地市集門庭若市，而在此之前他曾多次懷疑自己，身旁古老的鐘、箱子、沙發……那些時光的灰塵，是否有一天也終將湮沒他年輕的生命？讀完我的文章，他驚覺同一塊島嶼上有太多和他一樣擁有才華，但少了一個「臺北父母的家」，命運因此比他侷促太多。

小馬是我身邊另一位年輕人，今年大學要畢業了；他的母親希望我給他們建議，未來人生怎麼規畫？我的答案：出走吧！到世界看一看，不一定唸什麼學位。打工壯遊，行遍世界多個城市，爲自己累積語言能力，以及不同國家跨界跨文化的專業，然後再回來。二〇一四年春節《今周刊》找我和臺大副校長湯明哲對談「給年輕人的建議」，不約而同，我們的答案都是：走出去，別停留於一個內耗的社會，等練就一身功夫，再回家。

我們的答案或許客觀，但可悲。沒有一個社會應該給孩子唯一的出路是：繞一圈，再回來！等於間接告訴他們：這裡是你的家，但它不能給你足夠的空間，你必須離開。身爲政策制定者，更必須思索：我們是否能爲下一代，鋪陳一條希望永遠在路上的路？

問題不在年輕時貧困一無所有，問題在她或他努力十年之後，他們是奔往光明？還是永無盡頭的隧道？有些評論者提到我們先祖的年代；的確，過往患難的大時代曾吞噬許多人的青春，戰亂、轟炸、殖民、貧困、逃難。動盪的大時代裡，人生被迫劃下休止符；即使想勇敢奔跑，也跑不過命運的摧殘。但我們現在並不處於戰爭的年代，許多人對生命的慨嘆，一部分固然歸因於全球經濟大衰退，一部分的確來自政府該做而不做爲。

尤其房價。大臺北地區房價的扭曲，不只使臺北房價高出國際應有的水準，也使租屋者喘不過氣來。現在年輕人的薪資與我大學畢業後五年相倣，當時臺北市水源路俯瞰基隆河七十坪的房租爲八千元臺幣，近郊花園新城別墅三房兩大廳附花園的房租爲五千元…如今前者約八萬，後者爲五萬。五千元？臺北近郊連個有獨立洗澡間的小房間都租不到。政府喊「公租屋」、「青年住宅」、「社會正義社宅」喊了近三年半，我看不到，而年輕求「租屋」者，也等不到。

二〇一三年十二月二十九日「文茜世界周報」製作近一小時全球房價政策報導，中天電視台投資龐大資金至瑞士、德國、新加坡、倫敦等地採訪。當全球銀行體系開始健全，各國雖未升息卻已紛紛推出打房政策；我希望藉由報導提醒政府，國際連受歐債影響的國家已開始打房時，我們怎麼能毫不作為？

德國二〇一三年出現罕見一年房價一一・二％漲幅，德國立即推出打房政策；若房價超過「獨立地產機構」評估二〇％，買房者面臨五萬歐元罰金；賣房若獲暴利超過五〇％，要「坐牢」。香港則批放四塊大型土地，興建公有但良質住宅，以「供給」模式壓低房價。新加坡則早於二〇〇九年要求凡購買第二套住宅者，自備款必須至少六成、甚至八成；遏止與銀行關係密切者炒房。瑞士、德國房屋交易稅達實價三・五％；瑞士的法律對租屋者進行全面保護，法律規定房東每五年必須為租屋者粉刷房子，房價只能依政府公布指數上漲；因此租屋者可能一住三十年，而當地購置房產的動機也大幅下滑。在日內瓦房屋自有率為一五%，全瑞士二五．九%。英國雖仍深陷經濟停滯，但泰晤士河畔二〇一三年也因長期存款零利率房價增長九一%，全英國房價漲四〇%。英國全國住房聯合會政策室主任凱文．威廉森氣憤地評：住房不是奢侈品，住房應該讓工作一段時日的倫敦人買得起，不要淪為不事生產的富豪們致富的保險箱。英國政府面對房價快速上漲，今年初將「豪宅稅」門檻自二百萬英鎊降至一半一百萬英鎊，約四千八百九十萬臺幣。

這些政策，我相信行政院龐大幕僚作業下，江院長知道的只會比我多，不會比我少。政府不能把房屋當商品丟在自由市場，任由其價格扭曲，並危及一般人的生活。其結果除了加大貧富差距外，對經濟長期也是傷害。如果一個每天努力工作的高科技工程師，其工作三十年所得，不如炒房買一間大安森林公園附近的公寓，他爲何工作？爲何辛勞？

當我們想要告訴年輕人，不要在乎你現在一無所有，即使今日不免窮苦，不要絕望；只要努力，「希望」將在路上。這些話語的前提是，我們必須給那些願意努力的年輕人，一片看得到的天空。

至於那些不在乎高房價的人，繼續親吻你心愛的鱷魚吧！

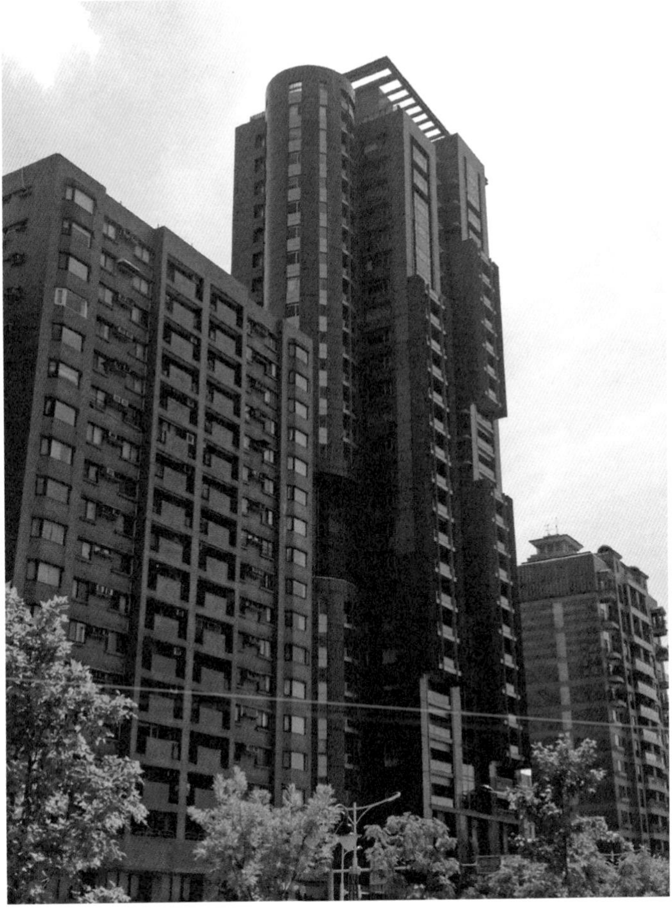

政府不能把房屋當商品丟在自由市場，任由其價格扭曲，並危及一般人的生活。如果一個每天努力工作的高科技工程師，其工作三十年所得，不如炒房買一間大安森林公園附近的公寓，他為何工作？為何辛勞？

# 太多幸福或太少幸福

小說往往在黑暗中誕生，人生呢？人生不能在幸福中誕生嗎？如若幸福中誕生，是否意謂著過了某個歲月，人生就得交出幸福？

近日我撰寫的一篇文字〈這個國家，太對不起年輕人〉，引發不同議論；其中一個與我想敘述的觀點毫無關聯的是：現代的年輕人成長過程太幸福，以致長大後太晚熟。即使大環境的確給了他們苦頭吃，但此類語法只會加重他們的依賴與藉口，最終讓年輕人更爲沉淪。

所謂：國家可以對不起年輕人，但年輕人不可以對不起自己。

這幾年我已習得一門功課，每當自己身陷「無必要」之風暴時，我選擇的不是辯白，而是遠離。遠離太零亂的語法，太尖銳的聲音。畢竟我已看盡這個世界各種類型的財富、鬥爭、事業、地位……尖叫聲愈高，理智和靈魂愈少；說詞愈多，人性和眞誠愈少。我的功課是讓自己沉澱，然後深思。

我不可能反駁這種觀點。我們的年輕世代的確誕生於最繁榮的泡沫年代，等他們成長時，繁榮的門卻諷刺地關上了。於是全球的經濟大衰退造就了一大批「失落的一代」，甚且「憤怒的一代」；他們的生命得倒著活！從甜裡生，從苦裡爬。這對任何人性都不簡單。

儘管「憤怒的一代」是全球現象，但並非每一個國家都像我們的政府，作爲如此之少，如此消極，如此不負責任的把年輕世代的人生扔向一場孤獨的長征。

二十多歲打工壯遊，志不滅；讀一個碩士等待機會，希望不滅；踏入職場，薪資低從基層做起，告訴自己王永慶當年處境比自己還糟。一年又一年，二十五、三十……快三十五了，人生的努力並沒有積累成任何階梯；青春在流沙中，掙扎、躍起、跌落、吶喊……最終還是消失了。這是一場一點也不幸福的長征。他們可能在雪梨打工壯遊，在新加坡做最基層的工作，世界留下許多他們的足印，他們卻未必擁有世界。

我看著千子長大。千子出生的時候，爸爸是名窮畫家，等她成長至五歲左右，臺灣崛起的泡沫經濟使繪畫終於成爲富人的投資收藏品；她的家境改善了，不算富裕，但已在臺北擁有數間公寓。十八歲左右她決定當廚師，考入最時尙的餐飲學校，每天拿刀切練個昏頭昏腦；阿基師、吳寶春都是他們學校請來的「專業講師」。兩個小學沒畢業的榜樣，一胖一瘦，一高一矮。吳寶春在課堂上除了教麵包，還教成長故事。小學時哥哥要他抓鳥，他一閃失，鳥跑了；哥哥一巴掌打過來，「你的晚餐飛了！」十一歲墊著凳子學麵包，快廿歲時不小心聽到老闆告訴老闆娘：「這個人很忠誠，像狗，不用賞他太多年終獎金！」吳寶春含淚繼續揉麵團，鹹鹹的淚水滴下，流在麵團裡，來不及擦拭，已被乾硬的麵粉吞噬。世間連淚水，都沒有他的位置。

上完吳寶春課那一天，千子走出學校，陽光絢爛，想想自己，太幸福了，也相信自己終究要步向幸福；「終究是幸福」，她一點也不懷疑自己。

千子是個哈日派，餐飲學校畢業後，至東京上語言課，想進東京餐飲學校。在臺灣她聽過許多名人演講，告訴她也許諾她，她們的世代是最幸福的世代，搜尋引擎幫助她們輕易地探觸世界，找到自己要的。她閱讀相當多的米其林評論談到法國盛宴已如何淪落，沒有創新，日本才是混合法國創意及和食最好的王國。

她從あいう等字母學起，日幣當時特別高，她極少外食，家裡仍得每個月寄給她約七萬臺幣才能供應宿舍、學費等支出。在東京待了三年，千子開始一家一家尋找實習機會，多數列入米其林的餐廳廚師不願給她廚房實習機會，但可以當「服務員」，看中她的中文能力，因為陸客愈來愈多。千子熬了二年，終於等到了廚房實習機會；然後不到一年，金融海嘯來了，日本是全球民間持有雷曼兄弟債券最多的國家，她的老闆是其中之一。老闆關掉了幾家分店，裁減大半員工，千子也是其中之一。老闆請員工走路時，鞠躬流淚：「抱歉，照顧不了大家！」那一夜，千子的日本餐飲夢徹底結束。走在東京銀杏樹下，九月，金黃色的葉子，即使夜裡也透著光，銀杏結了果砸下，剛好敲中千子的頭，千子抬頭自問：「是幸運之神」，正敲響她的腦袋，和她永久永久道別嗎？

東京街頭，到處是徬徨的人潮，店面空蕩的景象。她想起吳寶春抓鳥的故事，順手抓了一把空氣，放到自己嘴裡；她決定回臺北，在故鄉重新出發。

千子二〇〇九年回台後，發現臺灣到處充斥了餐飲學校的畢業生，供大於求，飯店大餐廳沒有太多好的工作機會；畢竟她在日本進廚房經驗不到一年，太短了。同學們家境有點底子的，就自己開家咖哩飯或咖啡小酒館，當起小老闆。她先加入臺北永康街一家文藝青年常逛的小店，至少日本的實習經驗，讓她懂得各地門道的清酒。二〇一〇年臺北房價開始飛漲，房東已通知他們房租將漲至每月十八萬，二〇一一年又再漲至二十萬。千子每天中午開門，晚上一點打烊，每日精疲力竭關門時，刷一聲，她就告訴自己：「我是幸福的一代！」她從未抱怨工時，她知道那幾年父母如何節衣縮食資助她的日本夢。她擁有的已太多！這是感性。但現實帳本上房租漲，酒、咖啡、甜品、飯食價格卻不能漲⋯⋯那麼多家鄰近的咖啡小酒館，沒人敢漲價，小酒館利潤愈來愈薄。

二〇一三年千子二十八歲了，偶爾有店裡的客人和她搭訕，有些常客會邀她下班後到山上看夜景，她和一名頭髮長長的男子去了一回；那一夜陽明山晚風特別大，吹得她幾乎聽不到對方的聲音。她太久沒有開放自九月，銀杏很美，東京街頭卻到處是徬徨人潮。這一代全球年輕人活在半世紀以來全球最競爭也最不公平的時代。

己的愛情信箱了，她已遺忘「輸入密碼」，生活的艱難一方面讓她想不顧一切地奔向愛情，不管對方是誰；但卻又開不了。她漸漸習慣那「壞掉的生活」，若無其事地依賴每天十三小時的工作；千子不想當啃老族，她不喜歡周遭某些虛榮或憤世的孩子。但那一夜，她莫名地覺得自己的心隱隱作痛，她意識自己的心開始萌芽一個空洞。

星辰之下她又想起「吳寶春」，然後喊「我太幸福了！」她不斷告訴自己；直到過了好幾天，某夜她實在撐不下去，千子才如崩潰的人兒找到我：「文茜阿姨，我是不是透支了太多幸福？」接著尖叫。「我的寂寞是錯的嗎？」「我一直等待天使，但我覺得所有的努力都被摧毀！」「我被惡魔踐踏了……」「爲什麼是我，爲什麼不等我日本廚房工作學成了後，經濟才垮？」千子哭喊時，我選擇沉默、陪伴，然後告訴她，「妳只是需要戀愛了！」、「妳很努力，但這個世界並非所有努力的人都會公平得到出頭機會。」

在數十萬個青年背影中，我看過毫不愧疚不努力的年輕人，我帶過工作散漫卻口氣誇耀的年輕人，我也見過只會抱怨父母，覺得自己擁有任何好生活都是理所當然的年輕人。但仍有許多年輕世代，如千子，他或她沒有犯任何錯；他們非常努力，但生是逢了時，長卻不逢時。殘忍地說，她們不是活在最好的網路世代，而是半個世紀以來全球最競爭、也最不公平的時代。他們沒有我年輕時候的機會，不論時代，或者政府的能力。所謂當代資本結構文明眞相是：大者恆大，小者更小；除非曠世奇才，才能扭轉命運。

我們的成人世界，至少該給願意努力勤奮的年輕人一條路走。放眼回顧過去十多年，不論教育的眼光、數位產業的政策、乃至眾人皆憤怒的房價政策……我還是要說，「這個國家，太對不起年輕人。」

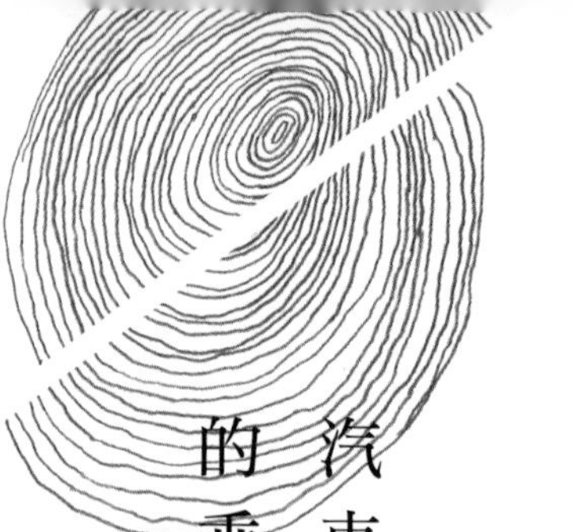

# 汽車頂層上的乘客

我們是一群汽車頂層上的乘客。司機想休息不開車子了，我們只能選擇躺在汽車頂上，任憑日頭曬大雨淋；司機發飆了，車子搖晃瘋馳，我們也只能接受命運的安排，期盼掉下去的不是自己；司機決定開得遲緩，我們只好眼睜睜看著其他車子的乘客，比我們早一點抵達目的地。

我們都是汽車頂層上的乘客，也是臺灣過去二十五年的寫照。《汽車頂層上的乘客》（*Les Voyageurs de l'impériale*）是偉大詩人路易・阿拉貢（Louis Aragon）的長篇小說，當法西斯主義席捲歐洲時，他躲藏於智利駐法大使館；四天，白天黑夜盡振筆寫作，法西斯主義湧向法國，街頭一群「聖戰士」以「私刑」追捕知識分子，包括阿拉貢。暴徒們正在找他，要幹掉他。《汽車頂層上的乘客》道盡了當時歐洲人人自保也自危的悲涼；這可能是史上少數四天即完成的小說，作者的每一分每一秒都在和悲劇的時代搶時間。第四天深夜，他完成小說；第五天穿上軍裝，奔赴前線；人生第二次對德軍作戰。他知道自己的筆，只能與黑暗的巴黎同在，他是一名文字的《夜行者》，白日裡他必須拿起槍，才能面對「斷腸」的世界。阿拉貢「乘著汽車」活過了二次大戰；晚年卻不幸目睹自己獻身信奉的「左派政權」腐敗，於是他決定和自己的青春道別。

那一次，他告訴讀者，「一個運動的出賣」往往超越了「悔恨」、「惆悵」、「寂寞」或者「憂傷」。所謂的「未來」在眼前是一片模糊的黑，遠方或許仍有光，卻已是難以辨識的微弱之光。

當臺灣的憲政體制幾近癱瘓時，我選擇閱讀阿拉貢的作品。一個比我們更混亂的時代、更悲壯的戰士，更傷心的信仰者。

那是一種回望，一段回首。我聽到「公民不服從運動」的聲浪，那麼熟悉，那麼錯亂。二〇一四年三月二十三日夜裡，一群學生決定在「不服從」概念下攻占行政院；從法理而言，「占領立法院」和「占領行政院」並沒有太大的不同，只是後者對憲政、國家運作、政治穩定的影響更大上數百倍，它等同宣告因爲「兩岸服貿協議」的爭執，臺灣同意放手讓國家進入「無政府狀態」。我的耳旁有一個小小的聲音，向我提醒，「這是馬英九闖的禍，他的剛愎自用，執政無能，他需自己收拾善後」。彷彿攔阻我發表意見，但電視上一名學生拿起梯子，旁邊人喊「江宜樺的辦公室在二樓」，當下我分秒不差的在「文茜的世界周報」臉書及新浪微博同時發出「民主的可恥」。三立、東森、中天、TVBS等四家電視台同時播放「占領行政院長辦公室、機密恐外洩」，我引述了，然後在這場「反服貿運動」，做了第一次「不同意抗爭手段」的表態。接著一個鐘頭左右，馬江定調「鎮暴部隊集結」，我則立刻刪除「文茜的世界周報」臉書的評語，只因知道學生可能流血，「於心不忍」，也覺得自己一小時前的評語下得太重太快。我寫下另一則短文：「政府無能，民眾可抗爭；政策長期忽略年輕世代，學生可憤怒；反對服貿，任何人可表達。但有一條線叫『非暴力』。第一次占領立院可稱之學習犯錯，再度失控攻占行政院，已是不可容忍的底線。即使扁涉貪汙，施明德率百萬紅衫軍包圍總統府，也未攻占總統府。因爲臺灣脫離憲政，社會沒有未來。請守護民主，它是許多人以生命青春換來的。請。」這封信發出去後立刻數萬人閱讀，我沒有關注按讚的三萬多人次，反而花時間仔細閱讀反對的意見。

反對者有的人身攻擊，挖祖墳、三字經、性別羞辱、髒話滿天飛，有的則充滿對施明德的不屑，「他帳還清了沒？」、「叛徒」、「他只是窮途末路的政客」……一小時湧入反對意見約一千多封，當然也有要求他們「閉嘴」的意見。

深夜回到家，我才看到孫立群發言，表示學生欲入行政院長辦公室，但爲警衛阻攔，機密文件未外洩，再打開手機，準備修正尚未刪除的微博文時，發現由於我未同步即時刪除「新浪微博」上的文字，已被「網軍」們製作成看版，「公審」我「統派」、「造謠者」、「向北京示好」，並且是一頭「母豬」（這個比喻不聰明，因爲豬肉目前在漲價）。我立即澄清，並於臉書表示道歉，同時告知引述來源沒有惡意，且各大媒體也修正原錯誤報導。但網軍不只不刪除「公審看版」，繼續髒話、人身攻擊，每小時湧入千則，那一夜我充分體會許多電視、報紙媒體主管及記者先前告訴我，「臺灣正發生沒有言論自由的寒蟬效應」，唯一自保的選擇是稱讚「太陽花很偉大」。

我不認爲這些網軍代表全部占領立法院的學生們，但他們即使「少數」聲音卻很大也很有組織，他們的網路文字暴力攻擊，對見過警總的我沒有太大影響，但對

美國民權史上最動人的公民不服從運動。合法申請示威，當日原本金恩預估人數僅有二萬五千人，行動展開時，已達十萬人，抵達林肯紀念像時已湧入廿五萬人。（圖片來源：達志影像提供）

一般媒體記者必然產生恐懼效應。我相信它對一個想要標榜「偉大」的運動，不只沒有幫助，對臺灣的「言論自由」也是一種恐嚇威脅。

一九九〇年後臺灣歷經太多社會抗爭，若和平落幕，靠的都是運動領導者的節制。讓我述說許多人不知道一段紅衫軍的故事。當施明德率百萬人有機會也有能力攻占總統府時，他選擇放棄，只留在合法申請的廣場。那一夜，許多幹部對他提出質疑甚至批判：問他爲什麼？他含著淚回：「這個國家的民主憲政是我以生命換來的，我不會爲了陳水扁貪汙，或者硬拗不肯認錯而摧毀憲政體制。」由於沒有達到讓陳水扁下台的目的，三個月後紅衫軍開始內鬨，甚至批判「施明德帳目不清」、「他罹患肝癌去美國看病的錢從那裡來？」羞辱，是臺灣最後留給施明德的「禮物」。

施明德後悔嗎？他至今仍如此堅信，因爲走過戒嚴時代參與抗爭，付出人生重大代價的領袖，反而珍惜「民主自由憲政」的可貴。那是多少年、多少離散、多少煎熬、多少家庭破碎、多少眼淚、多少青春換來的。怎麼忍心爲了一時的憤怒，或個人權力的渴望摧毀它？對那一代犧牲者，國家的利益永遠高於個人。即使因此成爲灰燼，也是玫瑰的灰燼。

讓我再說第二個世界上最著名的「公民不服從」的故事：金恩博士的故事。他相信和平，最終爲和平路線而身亡。但他的夢想他的堅持，使美國黑人最終取得勝利。

一九六三年八月二十八日，美國民權運動史上最偉大的日子。甘迺迪總統原本擔心示威免不了發生衝突，結果金恩等領導人致力勸服民眾，非暴力才是民權運動最好的武器。他們合法申請示威，當日原本預估人數僅有二萬五千人，行動展開時，已達十萬人，抵達林肯紀念像時已湧入廿五萬人。黑人弟兄們以尊敬而濃厚的感情向前邁進，他們沒有忘記自己的先祖一百年前只是個奴隸，他們高唱黑人靈歌，爲所有受難的過去與夢想的未來歌唱。其中有沾滿汙泥的農夫、有進不了大學的優秀黑人學生、有工人、有當不上主角的黑人電影明星，也有充滿良知的白人。這是美國史上一場大規模政治集會；太陽炙熱地照著每一個經過豔陽底下的子民，抵達終點時，黑人女歌手卡蜜拉・威廉斯（Camilla Williams）唱起了美國國歌，全場撼動，黑人們聲音顫抖共同合唱。美國媒體捕捉其時一旁戒備的警方，竟不禁動情也流下了眼淚。

下午三點左右，金恩上台，含淚訴說黑人的痛楚，但他更提醒群衆們，「絕不可利用仇恨滿足自由的解決之道」。接著金恩擱下原本預定的講稿，開啓人類史上最偉大的演說，「……我有一個夢想，有一天，在喬治亞州的紅山頂上，本是黑奴的兒子與黑奴主人的兒子能像兄弟般比鄰而坐……」「我有一個夢想，希望有朝一日，我的四個孩子能活在一個不以膚色而以品格評斷他們的國家……」。

聆聽群衆，廿五萬人，在最終金恩高喊「終於自由了！終於自由了！」時，再也忍不住心頭的激動，放聲大哭。他們激情地參與運動，安靜和平的離開；沒有人占領白宮，也沒有人以「抵抗權」、「公民不服從」之三點左右，金恩上台，含淚訴說黑人的痛楚，但他更提醒群眾們，「絕不可利用仇恨滿足自由的解決之道」。（圖片來源：達志影像提供）

名占領「白種人」控制的國會。《紐約時報》第二天以頭版「二十萬人和平華盛頓民權大遊行」報導民權運動的重大勝利，甘迺迪立即宣示政府將通過「民權法案」。

金恩發表這場演說時，年僅三十四歲，比現在學運領導人大不了幾歲。他誕生於亞特蘭大一個幫傭家庭，命運比今天憤怒的世代更苦、更卑微。金恩於全美國種族歧視最嚴重的地區長大，三十四歲的他早已因民權運動數度入獄。金恩的夢想演說後，不到三個月，甘迺迪因提出黑人民權法案遭暗殺。四年八個月後，一聲平板而清脆的來福槍響起，子彈撕裂穿透金恩的臉，金恩倒下了。時間一九六八年四月四日。

葬禮上，金恩的靈柩以騾子拖行，紀念他一生戮力的窮苦運動。四十年後，美國黑人不只終於自由，歐巴馬不可思議地當選美國總統。金恩無緣親睹此幕；但那不是他的目的；他的夢想實現了，這才是他的渴望。

自二〇〇八年起我同情也理解年輕世代的痛苦，否則不會一系列製作「獻給失落的一代」電視節目，出版《只剩一個角落的繁華》，並寫下〈這個國家，太對不起年輕人〉等文；但瞭解心疼之餘，我對違反「憲政體制」的抗爭手段、不聆聽經貿專家意見的傲慢、及以公審鬥爭侵犯他者言論自由的現象，感到憂心。此刻我的腳步遲疑蹣跚，問自己，我那曾經無限珍惜的「民主憲政」，是否在眾生喧嘩下從此一去不復返？

是否？

（本文寫於反服貿運動凱道抗爭之前）

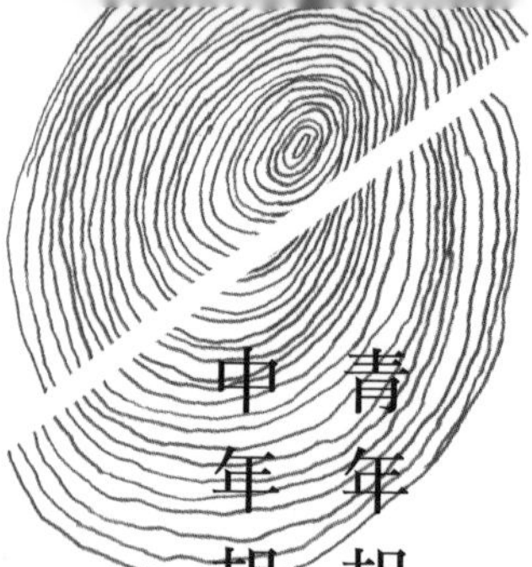

# 青年胡適與中年胡適

人們渴望淋漓盡致的答案；不管世界如何複雜，人們渴望有一把「刀」，鋒利地斬斷一切，「擦」；然後我們對於世界的憤怒有了答案，開始行動吧！

那把刀下去時，爽！於是時代劃出了一刀，歷史出現了轉折。

可惜這個世界只有一刀切的豬肉，沒有一刀切的議題。於是「一刀切」形式的運動，儘管曾經風起雲湧，等所有激情逐漸褪去時，那些被掩蓋的「眞實」，逐漸浮現出來。「運動」後的眞實，往往令人格外心酸。

近日重閱余英時編著《重尋胡適歷程》，以及李敖編著《胡適一一一歲冥誕》、《胡適選集》，更加感慨歷史的複製及人性「一刀切」思考的惰性。閱讀胡適在近代史中對「運動」、「學潮」的態度，隨著事件變化、知識成熟以及國際局勢的理解，終而從「青年導師」落入「鎮壓學生運動劊子手」的罵名。

胡適是近代中國最有名的自由主義者，他的尊崇來自兩個相反的現象；一個是「五四」青年導師的胡適，當時他談問題是「一刀切」的模式；另一個是不斷反省修正後的自我，是晚年提倡「容忍」比自由重要的胡適。胡適四十歲之後，數度公開「洗自己的腦子」，批判「學潮」；並明指「強烈伸張自己的意見，卻不能容忍別人有所不同；這種主張自由的人，最終便成自由的敵人。」

胡適於一九二〇年五四運動一週年後，從全然支持五四，開始反省「五四」的好與壞。他與蔣夢麟先生聯合發表一篇文章〈我們對於學生的希望〉，胡適本人是起草人。對於五四運動，胡適認爲它強化了學生對國家命運的關注，豐富學生團體生活的經驗，培養學生追求知識的慾望。這是舊日課堂中，北大給不了學生的。

但是他對五四以罷課爲手段進行鬥爭，開始反省。他認爲「五四」留給學子們三大危害。第一，在學生運動中有些人不敢自己出面，躲在人群中吶喊，從而助長了依賴群衆的懦夫心理。第二，罷課時間長，有些人即養成逃課的習慣，不再能專注學習。第三，經過這場運動，有些人可能養成盲目從衆的行爲模式。胡適大概從五四隔一年起，對於「學潮」態度，開始持保留態度；儘管在歷次五四紀念活動中，他仍爲學子的熱情鼓掌，但那是因爲「荒唐的中年老年人鬧下了亂子，卻要未成年的學生拋棄學業，荒廢光陰」……「這是天下最不經濟的事」，「凡在變態的社會與國家內，政治太腐敗了，而『無代表民意機關存在著』；那麼干涉政治的責任，必定落在青年學生身上。」

五四運動時胡適才二十八歲，「五四」九週年時胡適三十七歲；他在上海光華大學發表一場「五四運動紀念」的演說，先談背景，接著描述發生經過，「奔到趙家樓胡同曹宅（曹汝霖），撞破牆壁，突圍而進，適遇章宗祥在那裡躲避不及，打個半死，後腦變著重傷」；「當場即被捉去學生二三十人，各校皆有……」、「最後勝利終於歸學生界了。」、「而日本也終於把山東，交還給中國。」三十七歲的胡適結語這場讓他成為「中國青年導師」的運動，仍多方肯定；但在演講末了，他認為學生非僅犧牲學業、少年的幸福，……他們的意志尙未成熟，他們的行動，自己負不了責任……他還肯定中國國民黨第四次全體會議中議決的宣傳大綱，即「禁止青年學生干預政治。意味年輕學生，身體尙未發育完全，學問尙無根底，意志尙未成熟，干預政治，每易走入歧途，故以脫離政治運動爲妙。」

這些部分肯定，部分覺得不宜的談話，直到一九三〇年後胡適開始全面與時髦青年們衝突。一九三一年日本占領東三省後，民族存亡的激情愈來愈濃烈。年近四十，不再是二十八歲的胡適不斷呼籲，年輕人要冷靜，「應把握時機追求知識」、「把自己鑄造成器，以爲將來救國的憑藉」，咒罵胡適的惡毒話語愈來愈多；北大學生也愈來愈疏離這位昔日的「青年導師」。

胡適和學生最慘烈的決裂發生於一九三五年

胡適是近代中國最有名的自由主義者，他的尊崇來自兩個相反的現象；一個是「五四」青年導師的胡適，當時他談問題是「一刀切」的模式；另一個是不斷反省修正後的自我，是中晚年提倡「容忍」比自由重要的胡適，也是收到學生「死亡威脅信」的胡適。（公共版權）

「一二・九」學潮，當時胡適已出任北大文學院院長，知道學生要罷課，他在日記中寫下：「眞是幼稚至極。我與夢麟、枚蓀忙了一天，不知能挽救否。」胡適最終不只挽救失敗，北大加入了罷課，他到學校教課，「只有學生周祖謨一人來上課！談到四點」。

而且當日胡適收到了一封死亡威脅信，內容如下：

「適之先生：塘沽協定簽字之後，你曾幫它辯護過！現在喪心病狂的軍人又把整個華北出賣了，你還替它辯護嗎？……唉！我的胡適之老師！！！在這樣的危急環境之下，凡屬熱血的青年學生，誰心中不比喪了父母還難過！激於愛國的熱情放出一聲慘痛的呼喊……這你能說是不正當的嗎？這你能說是軌外行動嗎？倘若你以為這是不當，那你真是喪心病狂了！該殺的教育界的蟊賊！！

今天一院的（罷課）通告，你親自撕下去了！在你撕的時候，你的耳朵還紅了一紅！我們看見了你那樣的心情，真哭笑不得！胡先生我們深切的明白了你的人格！你的人格連一個無知的工友都不如！只有用粗野的手段對付你才合適！你媽的！難道華北賣給日本以後，你還能當北大的文學院長嗎？你把我這熱心的青年學生殘殺幾個，陷害幾個，你心還很通（原文是錯字，應是痛）快嗎？即使你阻止住了我們愛國心的沸騰，於你有什好處？……現在警告你；向後你若再撕毀關於愛國的通告，準打斷了你的腿，叫你成個拐狗！勿為言之不豫也！」

將來殺你的人啟

十二月十日

胡適可能想不到，在他死後半個世紀，關於問題與正義，容忍與自由，這些爭議仍在不同的土地、不同的歷史框架下複製。（圖片來源：CFP 提供）

胡適收到這封威脅信時已經四十四歲，離「五四」時的他老了十六歲，對國內外局勢他的看法：中國剛完成北伐統一，尚不足以和日本決戰；而所謂「喪心病狂的軍人把華北賣給日本」，他查證知道是地下組織煽動學潮空穴來風的謠言；當時「一二・九」學潮期間，城外的人謠傳城裡打死了多少學生，城裡的人謠傳城外打死了多少學生。除了不實謠言之外，學生領袖們對於不肯參加罷課的學生們，往往以極卑劣的語言攻擊。胡適牢記這件事，並把這封威脅信，收錄在他的日記裡。

「一二・九」學潮後一個月，胡適再與周作人通信，道出他對這場學潮的心痛：

「你（周作人）說：我們平常以為青年是在我們這

一邊。我要抗議：我從來不作此想。我在這十年中，明白承認青年人多數不站在我這一邊，因為我不肯學時髦，不能說假話，又不能供給他們『低級趣味』，當然不能抓住他們，但我始終不肯放棄他們，我仍然要對他們說我的話，聽不聽由他們，我終不忍不說。」（一九三六年一月八日）

一九五四年，國民黨戰敗，胡適於台灣「自由中國歡迎茶會」上對自己在「五四」時期社會主義的跟風表達了懺悔。他承認自己變了，而且不只他該向大家懺悔，當年支持共產社會主義的人都應該懺悔。「我們應該自己洗腦」……「所以我今天當眾『洗腦』給大家看。」

胡適著名的語錄包括：多說些問題，少談些主義；容忍比自由重要……那是歷經多少批鬥、「劊子手」帽子、「賣國賊」指控，最終體悟的智慧之語。

胡適可能想不到，在他死後半個世紀，這些爭議仍在不同的土地、不同的歷史框架下複製。那些古老的語彙，激進學子與他的對話，竟彷如昨日。

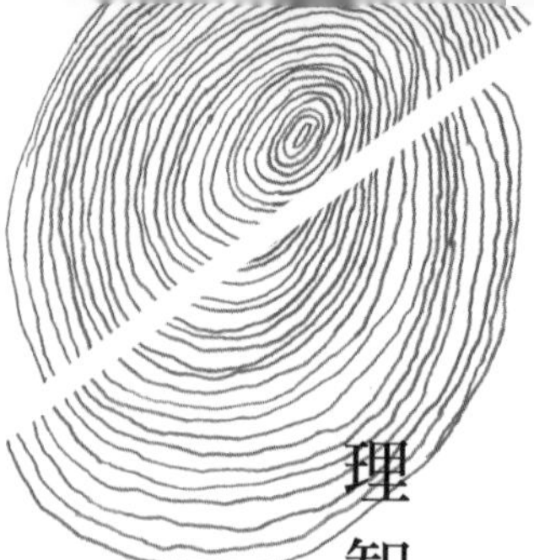

# 理智的叛逆

理智的叛逆，並不容易；當多數學生走回理性時，也該是衆人反省爲何自二〇一一年起全球包括臺灣年輕人成爲憤怒的世代？

如果理解二〇一一年起的全球性學潮，不會對臺灣此次抗爭意外。二〇一一年初起「阿拉伯之春」，三十年獨裁統治的政體半數被推翻；二〇一一年八月，民主的文明古國英國青年街頭暴動，起因只是一位警察執法過當打死一名黑人小孩，但已然不滿體制的年輕世代湧上倫敦街頭燒毀歷史建築、SONY大樓、公然搶奪商店物品、並且開車撞死三名保護社區的巴基斯坦後裔無辜英國巡邏員。一名青年開車撞巡邏員，第一次巡邏員倒下；第二次，再輾過他的身體，當巡邏員腦漿流出身體破裂時，這名白人英國青年於車內以黑莓手機發了一個簡訊：「達陣、成功」。此事件於英國首相倫敦市長下令警方全面鎮壓，五天後，事件結束；留給衰退又悲傷的英國，深深的痛苦與疑惑。二〇一一年九月美國占領華爾街運動開始，他們控訴政府體制爲少數銀行家把持，「一％ vs 九九％」。儘管運動名稱爲「占領華爾街」，他們大致維持和平法治，沒有衝進放任華爾街廢除金融監管機制的聯準會、或者占領美國證交所。他們的目的不是摧毀美國經濟，而是爲了凸顯投行的貪婪及對國會政治體系的過大影響力。這群學生沒有領袖，事後也沒有人靠此出名從政，感恩節後，紐約市長彭博以警力及水柱車要求他們離開。

二〇一三年下半年，當美國經濟開始復甦，聯準會減少購債資金回流美國，類似的抗爭潮席捲新興市場。

他們的經濟開始衰退、貨幣貶值、政治進入混亂期；包括土耳其、阿根廷、委內瑞拉，以及最近的烏克蘭、巴西。

這波以青年爲主的運動，與全球六〇年代運動相比較，有三個特色（1）以網路尤其 Facebook 串聯；（2）發生的時間不在二〇〇八年金融海嘯最高峰，而是經濟最危機後三至五年，也就是年輕世代已經耗盡了他們的耐性；（3）由於 Facebook 串聯的力量欠缺組織，也沒有明確的訴求，除了美國「占領華爾街」外，最終運動成果大多爲特定政治力量、軍隊甚至蓋達組織掠奪收割。埃及最初以 Facebook 串聯反抗的青年領袖，看到後來運動的發展，於半島電視台訪問時痛哭：「我也不知道爲什麼？一切會變得如此？」

臺灣面對經濟大衰退，政府拯救的以及兩岸讓利的都是某些特定產業，而非青年熟悉的產業。年輕人爲22K痛苦那麼久，政府視若無睹：房價漲到不可思議，政府如植物人：洪仲丘事件白衫軍和平依法申請上街頭，法院給他們的答案如同賞他們一個耳光，而且沒人告訴他們爲什麼……於是他們決定相信「懶人包」、他們不再信賴體制、他們提起戒嚴時代的抵抗權，串聯公民不服從運動，攻占政府機構。整個體制在失落一代的身上先切割了他們的手，於是他們決定反擊。不要只有點出發動者都是蔡英文身邊的人，沒有這些早已等待的火苗，一百個蔡英文再有陰謀也發動不了今天學生的抗爭。

尤其當彭淮南決定站出來以專業談服貿、解釋服貿之後的貨貿若通過不了，臺灣面板業將倒閉，十萬人失儘管運動名稱為「占領華爾街」，美國紐約大學青年學子大致維持和平法治，他們為攻占聯準會、證交所，因為他們的目的不是摧毀美國經濟，而是為了凸顯投行的貪婪及對國會政治體系過大的影響力。（圖片來源：文茜世界周報提供）

業，年輕領袖仍不肯退讓，仍然選擇相信「懶人包」。這代表服貿只是一個導火線，眞正的問題在政治，其中除了複雜權力因素外，馬英九所組成的政府，已經失去多數年輕人的信賴還是主因。所謂聚沙終成塔，塔垮了也灰滅成沙。馬英九與王金平的政爭，還有馬政府的正當性已成爲臺灣憲政體制的危機。即使此次危機能解除，未來只要是馬的政策可能都淪爲空轉。

我仍相信除了少部分權力意識很深的人外，大多數年輕運動者有其理想初衷，但請記住這塊土地的未來是你們的，不是教授的，也不是我們老一輩的。現在權力在你們手中，你們跟隨而支持的每一個訴求、行動，都會決定臺灣尤其是一般辛苦平民的未來。這一刻，年輕人正在改寫歷史，但請寫下令臺灣未來更好的歷史。引用齊邦媛的話：「再也不要用激情決定國家的命運。」把生命的機會抓回自己手中時，也請清醒地爲國家選定可以和平且發展的下一步。

最後，我想語重心長地表達爲什麼我認爲學生占領行政院，反對黨絕不可鼓勵。（1）臺灣會變成泰國無政府狀態，國家經濟更崩潰，年輕人尤其平民更受害。（2）學生已經成年，依法占領行政院非常可能被起訴，除非他們未來志在出名從政，否則人生會付出代價。（3）馬英九執政失敗，大多數人對他不支持，包括我。但這不代表我們可以癱瘓國家，因爲未來臺灣可能政黨輪替，此例一開，任何人只要對執政者不滿皆可以「無政府狀態」攻擊政府機構，這個國家即失去和平憲政原則，淪爲第三世界民主國家。而此事件若成爲國際臺灣印象，很少人願意投資臺灣，全民尤其年輕人更將因此受害。
請以熱情擁抱生命，但以冷靜思考未來。

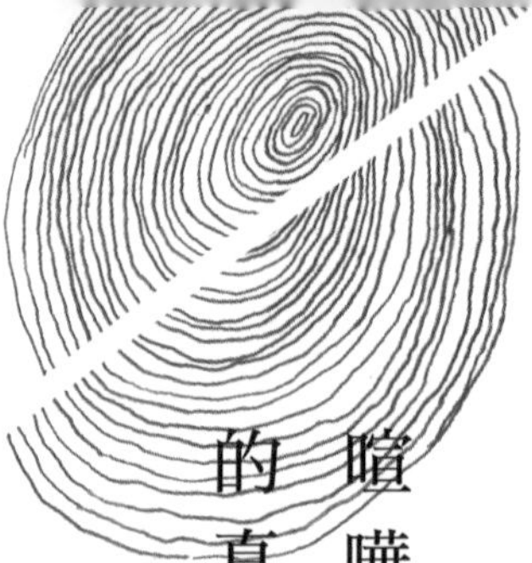

# 喧嘩之後的真實

占領運動，和平落幕。學生們訴求的議題從「反服貿」、「兩岸談判兩國論架構」、「捍衛民主」……，最終還是得交給成人世界，俗稱「朝野協商」的密室裡；讓解鈴的王金平院長、柯建銘總召手上拿著這本「葵花寶典」，慢慢細讀。

喧嘩之後的眞實，才眞正可怕。

這場占領運動是一個在網路上已進行兩年以上的社會運動，學生們藉由社群網路互相串聯，打了好幾場「以小搏大」的「勝戰」，大埔、反媒體壟斷、文林苑……直至近日「占領立法院」，才一戰成名。嚴格而言，他們已練兵許久，只是多數人突然認識他們，急於把這股已然自成力量的「組織」歸類於某個特定政黨或政治人物的附屬。他們的目標及改變政治版圖的慾望，可能比我們想像的大；比他們看起來的年齡成熟；比他們表現的天眞思慮周密；他們已成爲一股無人可輕易駕馭的力量。恐怕「民間版」兩岸談判監督條例，王院長、柯建銘、陳其邁只有接受的「義務」，沒有太多「協商修改」的權力。

密室裡的難題，才剛剛開始。可以想像民間版兩岸經貿談判條例既違憲、抵觸國際談判原則、又無法擱置主權爭議，答案只有一個：無法立法，所以其他兩岸經貿談判必須終止。至少二〇一六年前，不會有進展。沒有服貿、沒有貨貿、也不必向中國「再傾斜」……。至於臺灣經濟如何變化，既非抗爭者也非政客腦海裡主要的答案。

年輕領袖的看法是：我們已在谷底，反正因此獲利的「財團」也不會擠出牛奶。沒差啦！政客的算盤是他們的二〇一四，尤其二〇一六。至於平民百姓呢？在這場抗爭的圖騰中，他們是被擠出「革命」地圖的小人物。有的支持「太陽花」，有的怕未來少了生意。「反貨貿」的若干綠軍財經大老，已主張以貶值臺幣七％，替代大陸讓利的八％關稅。因此一場「占領」行動之後，臺灣將發生什麼樣的政治改變，我不關心；我關心的是那個高喊「貧富差距」的太陽正義，最終落入成人世界之手，答案若是「保出口」，結果爲了「去中國」，於是「去臺幣」……。物價開始上漲，進口麵粉、玉米、大豆、咖啡、石油……。

那個每天早上炸油條做燒餅的老闆倒霉了。每天靠著7-ELEVEn便當、啃饅頭的基層民眾，得勒緊褲帶了。

革命果實，看似革大人物的命，往往最終以犧牲小人物爲終局答案。

從一個更大的歷史架構看，不斷加速的全球化自由市場不管闖了多大的禍，目前沒有停止的趨勢。自一九六〇，尤其二〇〇〇年開始的「自由貿易」，試圖把世界當成互聯活動的一個經濟單位；但實際上傳統的政治尤其「民族國家」認同，一直屹立不搖。於是時尚的不可抵擋的自由市場全球化，在每個國家均形成非常嚴重的政治衝突；這種快速竄升的激烈競爭及不平等，已經成爲二十一世紀各國社會和政治緊張的根源。

尤其碰到經濟衰退時，矛盾更會演出大戲。在歐盟國家，它的反撲是「反歐元區政黨」崛起，或者「反移民」。在美國，三大汽車廠的答案是「日本人偷走了我們的工作」，其他人是「中國靠操縱人民幣匯率偷走美國人的工作」。在臺灣，議題加上想像中可能大軍入侵的龐大勞動力及政治滲透，小小的島嶼幾乎凝聚了世界「反全球化運動」抗議理由的總和。

如果「占領立院運動」曾經灼傷某些我們自以爲是的憲政原則，它總該留下一些更深刻的反省，而不僅僅是「兩國論談判架構」，或甚至以「臺幣貶值七%救出口」形同對平民及生活茫然的青年，更大的傷害。

事實上，即使美國的「青年世代」也面對相同的徬徨，唯一少的是「亡美的焦慮」。全球化自由市場侵蝕了傳統政府保護知識中產階級的能力，他們必須與印度的工程師競爭，那些「外包」市場的工程師，擁有和他們相同的資格甚至更勤勉的工作態度，完成「全球化」

我關心的是那個高喊「貧富差距」的太陽正義，最終落入成人世界之手，答案若是「保出口」，結果為了「去中國」，於是「去臺幣」……。物價開始上漲，進口麵粉、玉米、大豆、咖啡、石油……。（圖片來源：達志影像提供）

交辦的工作。而印度工程師的薪水，只要美國工程師月薪的三分之一。全球廣大的高級低階勞動力，不斷湧入，「侵蝕」每一個自以爲理所當然的「已開發國家」雅痞原本的生活起居。這樣的全球化，雖然不可能逆轉，但也不可能許諾一個政治社會都穩定的時代。

尤其臺灣面對全球化的首站是「中國」，它是世界第二大經濟體，過去是「世界工廠」、未來是「世界市場」；現在「轉型修補」中；但仍維持七％以上經濟成長率。而它同時堅持「一個中國」民族大義，對想要維持既有臺灣生活及政治方式的人，兩岸之間的經貿開放，當然不只是經貿，它激起的政治和文化衝擊，自然大到不成比例。

「太陽花運動」崛起凝聚的政治力量，或許只是歷史性的短暫現象，或許會維持非常久。「占領立院運動」不管出於偶然或必然；短短二十四天，學生們雖已離開，喧嘩後的眞實，才剛剛開始。

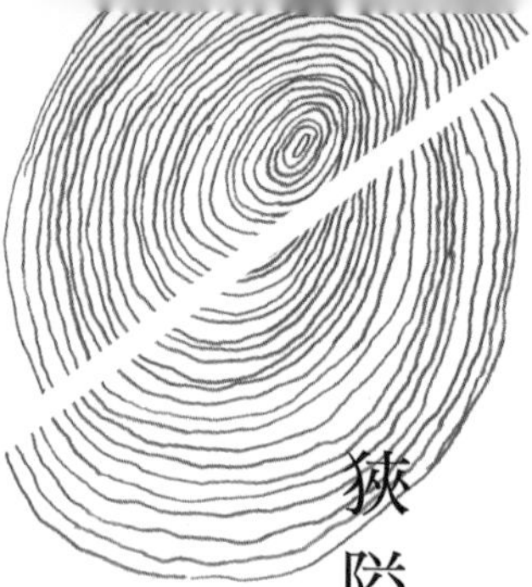

# 狹隘

親愛的讀者，你有愛滋病嗎？

不要覺得我冒犯了你，這是臺灣「勞委會」堂皇的規定，如果一名外國籍人才，哪怕身爲諾貝爾化學、物理、經濟……獎得主，凡來臺灣教學或工作，皆一視同仁，必須檢附健康證明無愛滋染病。

是的，你沒有看錯！容我再重複一次，臺灣政府高喊延攬國際人才並提升高等教育同時，臺大、清大等大學及各大民間公司，若引進高等人才，必須附上愛滋及一堆書面證明。也因此張忠謀才會於二〇一四「天下經濟論壇」中感慨，臺灣除了政治開放，什麼都不開放。

臺灣可能是全球除了伊朗、平壤等怪國外，全球對人才最不開放的經濟體。不要只怪「政府」，多年來民間充斥著排外的情緒；凡引進外勞或外國學生或外國工程師或外國教授……從基層到高階，皆一概定義：「他們搶走了我們的工作」。

我第一回知曉此事，也覺不可思議。臺大副校長湯明哲告訴我，當香港科技大學引進八位諾貝爾獎得主任教時，臺大想跟進。除了對外接觸有意願的人選外，同時研究相關法令及政府願意授權的薪水彈性。然後在多如牛毛的法令中，他們赫然發現「愛滋病」的祕密。

臺大碰壁不是唯一，幾家本地國際大公司為維持人才競爭力，也多次向政府申請外籍工程師，但皆一一遭遇各種不同規定的刁難。最終結果，他們忍痛大幅增加成本把研發重鎮或設美國、歐洲、中國大陸、新加坡。

臺灣只有二千三百萬人，想在國際無情殘酷的商場殺出一條血路，唯有凝聚更多的國際人才。香港如此、新加坡如此、韓國也如此。許多人只選擇性地討論新加坡外勞與當地社會的衝突，卻沒有看到外勞對新加坡基層勞力不足、人口老齡化、「爸媽不在家」等總體經濟及社會的貢獻；偶爾積蓄的社會衝突只是其中的部分成本。新加坡對外國人才更是大方提供「技術移民」；二〇〇三年新加坡駐台代表當面邀請我是否考慮移民或擁有新加坡護照，我雖事後婉拒了，但他可沒拿出一個表格要我附上傳染病或愛滋病證明。

美國是另外一個大國開放的極端例子，至今其失業率仍高居近七%；但美國率先走出經濟大衰退的祕訣還是「開放」。一個人口這麼龐大的國家，長期失業率位居四%上方，從不曾打算關起「人才開放」的大門。繼賈伯斯之後，美國現在最重要的兩大創業家皆爲第一代或第二代移民，特斯拉電動車的穆斯克爲南非移民；臉書創辦人祖克伯格（Mark Elliot Zuckerberg）爲俄羅斯移民。美國只要好的人才，給獎學金，爭取他們到美國唸研究所，並且提供他們留居美國就業與創業的機會。美國即使胡鬧如馬戲團的國會，也沒有人會狹隘地批評「這群人搶走了我們的工作」。

不論大國、小國，每一個崛起的經濟體皆知曉他們繁榮的密碼，正在「開放」二字。美國吸納全球人才如海綿，而可嘆的是臺灣不分政黨，那麼多從美國留學、工作回臺灣的人，他們領導的政治卻製造了一個「人才鐵幕」，並且於一個又一個群眾聚集的場合，昧著良知高喊「誰、誰、誰偷走了我們的工作」。

群眾直覺地附和了，這是一個悲哀的趨勢；有若一

無論大國、小國，每一個崛起的經濟體皆知曉他們繁榮的密碼，正在「開放」二字。美國吸納全球人才如海綿，特斯拉電動車的穆斯克即為南非移民。（圖片來源：Getty Images 提供）

齣荒謬劇。它深深植入多數人的腦海，最終成爲撼不可動的潛規則，也成就了笑話般的「愛滋病」條款。

於是臺灣的企業用腳走出去，求人才，辛苦地建立四散世界各地的研發總部；然後瞭望韓國群聚首爾郊外國際人才研發總部，一個又一個、一關又一關打敗臺灣。

臺灣最大的敵人，不在對岸，不在韓國；在自己的狹隘。

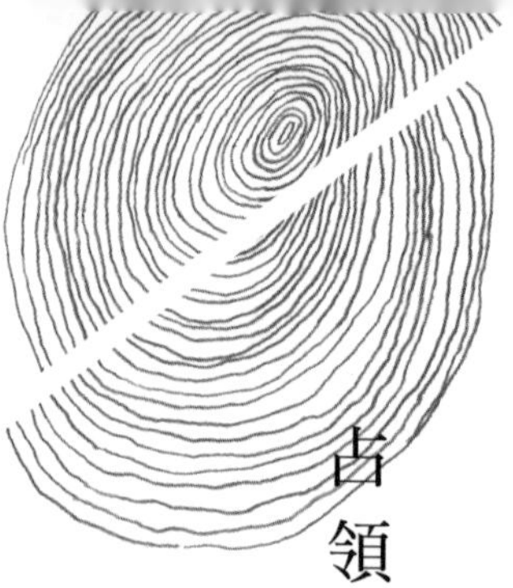

# 占領巴西



當時的歡樂聲，仍在耳邊；如今的災難，已現眼前。

巴西六月十二日舉辦世界盃足球賽，本來取得主辦權時舉國歡騰，如今巴西經濟榮景不再，世足成爲惡夢。警察及檢察官千人上街頭，要求加薪五〇%；警方並且罷工三天，東北部搶劫商店，報警無人理會。巴西無殼蝸牛組織則宣稱將發動百萬人占領世足場館；他們指控國家花了三百一十億美元辦國際比賽，卻無視貧窮人民之苦。

經濟危機後，世界變了，變得很徹底。

世界盃足球賽，每四年舉辦一次，今年第二十屆。二〇〇三年三月七日，國際足球總會特別宣布二〇一四世足將回到那顆球的祖國南美洲舉辦，全拉美爲之歡騰。二〇〇六年巴西正式贏得主辦權，等於繼一九五〇年，足足六十四年後，第二度主辦世足。

但這場國家盛事隨著金融危機、去年美國開始收QE、以及中國經濟成長放緩等因素，所有巴西經濟賴以支撐的糧食、蔗糖、礦產……全結束榮景，巴西經濟開始接近零成長。於是巴西人民一點也不感謝光榮「虛幻」的世足賽，巴西世足賽主辦單位今年三月才剛剛公布官方主題曲：〈我們有辦法〉，非常諷刺地，巴西的無殼蝸牛組織立即發動占領運動，展示了「他們的辦法」。

這一波抗爭的焦點主要在聖保羅，這裡曾經是巴西汽車工業大城。二〇〇八年以後，工廠倒閉、治安敗壞；所謂「金磚四國」或「全球第六大經濟體」對貧窮民眾而言，指的只是那些「劫掠」財富的巴西家族。聖保羅的無殼蝸牛組織於二〇一四年五月發動一萬五千人上街頭，他們的口號：「我要房子，我們要一個地方住」。

八年前舉國迎接的世足，如今在經濟大衰退後，成了巴西政經破洞、貧富差距、社會抗爭、警檢勒索的最佳槓桿點。另一種比賽，在開幕儀式前已經開始。（圖片來源：達志影像提供）

聖保羅貧富差距嚴重，二〇〇九年全球央行一致降息後，這裡也出現了全球性的「天價房價」現象。

他們抨擊高房價的語言，和臺北差不多：「三輩子不吃不喝也買不起」。在世足會倒數三十天前，他們於聖保羅一個花費十億里奧（約四‧五億美元）的足球場館前，搭起數百頂帳篷，宣布占領「世足館」。

聖保羅的房價自二〇〇八年以來，飆漲一八一％；但基層勞工家庭月薪不到五百元，依正常房租一房一廳約四百至四百五十元；聖保羅於是出現一批高房價下的經濟難民。他們趁黑夜占領政府或私有的空屋，根據半島電視台統計，自去年起至五月中旬，聖保羅已有四十七棟房屋被占領，其中包括私人空宅。無殼蝸牛組織要求「不正義」的政府，將其中十三棟查封，作爲「正

聖保羅的無殼蝸牛組織於二〇一四年五月發動一萬五千人上街頭，他們的口號：「我要房子，我們要一個地方住」。（圖片來源：達志影像提供）

義」公租屋；這些社會底層的人稱自己被國家遺棄，若繳了租金，即沒有錢吃飯，所以他們「占領有理」。

事實上，他們占領的房子有的如我們俗稱的爛尾樓，沒有窗戶，地上可能有個大破洞，一不小心即會摔落而死。占領者向半島電視台記者展現他們的住處，對於地上「大破洞」，只是提高聲音喊「小心看地上喔」……接著稱自己會裝個門，加上一張「好樣的床」，夫婦和三個孩子五人擠一個房間。占領者說：「現在我們猶如置身天堂，雖然沒有電，但這是全新的人生」，「比以前住的地方大」，而且終於「有足夠的錢吃飽」。冰冷的簡易水龍頭，流出水來，洗個澡，便是煥然一新的人生。

巴西政府本來打算於世足賽前將這群「非法占領者」逐出建築物，但卻意外引來警察趁機加入抗爭。警察工會五月中旬宣布罷工三天，結束罷工的條件是調薪五〇％；而取締占領者另一個司法機構檢察官，二〇一四年五月初也加入警察抗爭行列，千人上街，在「世足賽」前必須「加薪」！（這一點臺灣警察們多有天良，被罵被羞辱成國家暴力，也不曾動腦筋加入抗爭要求加薪。）

「如果國家有三百一十億美元辦國際賽事招待國際貴賓，為什麼不顧民眾死活？」

巴西平民喊：「我要生存！我要生存！」

一場八年前舉國迎接的世足，如今在經濟大衰退後，警察不執勤，檢察官不辦案，小偷強盜滿街搶，世足場館被占領……。世足成了巴西政經破洞、貧富差距、社會抗爭、警檢勒索的最佳槓桿點。另一種比賽，在開幕儀式前已經開始。

曾經，真的只是曾經。

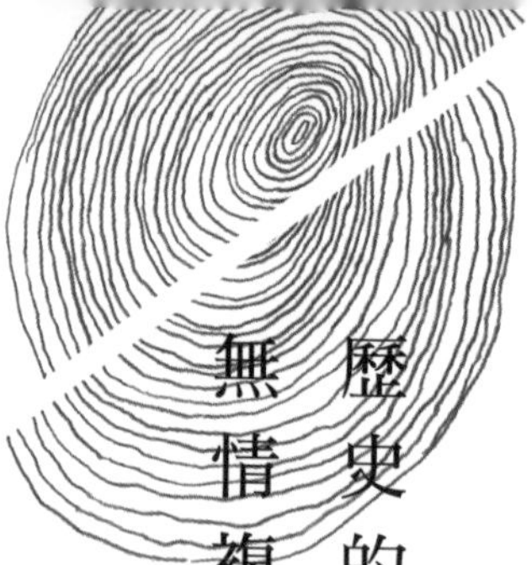

# 歷史的無情複製

歷史很遙遠，也很近。

烏克蘭的地理位置注定了它是一個無法獨立於宗教、主義、國際勢力生存的國度。早於十七世紀中葉，爲了對抗毗鄰西方波蘭天主教入侵，烏克蘭主流的東正教勢力選擇了俄國沙皇，兩個東正教國家正式結盟簽訂和平條約。

三百六十年後，來自西方的空氣反而成爲渴望的呼喊。就在一場全球小麥、玉米、煤礦、鐵礦，自二〇一二年起價格的大幅修正風暴下，烏克蘭經濟出現零成長（二〇一二年，約二・二％）；二〇一三年經濟零成長。三百六十年來交錯於烏克蘭往東走（俄羅斯）、或往西走（歐盟）的歷史糾結於全球糧食礦產國皆處經濟動盪時，再度浮上了歷史檯面。

一九九一年蘇聯正式瓦解，東西的徬徨已數度挫敗烏克蘭的民主政治。往東走，烏克蘭可以享有來自俄羅斯便宜的天然氣；但儼然一個從未獨立的國家，爲了「那口氣」，她始終是克里姆林宮的魁儡。

往西走呢？一九九五至一九九六年，藉由對當年「蘇聯」殘留「國營事業沒有效率」的憤怒，新政府把國營的天然氣能源公司或走私盜採或據爲己有，成爲世界級的富豪，也誕生了所謂「天然氣公主」。橫亙烏克蘭「民主史」的悲哀眞相是：一頁又一頁的暗殺、下毒、背叛及幾乎沒有一個領導不貪腐的政治顛簸。東西之爭，往往成爲利益者發動革命的藉口。

貌美的「天然氣公主」是烏克蘭現代史最好的寫照。她先靠走私、賄賂前能源部長致富，二〇〇〇年當俄羅斯及烏克蘭政府仍處革命後破敗狀態，煤礦工人半年領不到薪資，即使攝氏零下二十度冬天夜裡十二點仍每日限電八小時，簡直到了民不聊生、求一口暖氣都奢侈時，「天然氣公主」季莫森科（Yulia Volodymyrivna Tymoshenko）已是烏克蘭最富裕的寡頭富商。二〇〇〇年十一月，當時總統涉嫌分屍殺死一名批判當局的記者，上萬人憤怒街頭抗議，總統逮捕了「天然氣公主」數週希望平息眾怒，沒有成功，接著又在不明原因中釋放了她。從此「天然氣公主」盤起烏克蘭傳統女性髮辮，與反對黨政治明星結盟，並於二〇〇五年發動「橙色革命」，「天然氣公主」出任總理。但僅僅七個月，兩個革命主角即因不同利益取向鬧翻。「橙色革命」打的即是今日烏克蘭革命的主張，「走向歐盟」。俄羅斯展開始終如出一轍的殺手鐧，「以相同於歐盟市場價格而非三分之一優惠價格購買天然氣」；烏克蘭經濟瞬間幾近崩潰。

此次曾經美麗但入獄兩年瞬間衰老的烏克蘭「天然氣公主」，於革命後場合聲淚俱下呼籲民眾「勇敢地對抗俄羅斯」。但八年前二〇〇六年三月，當俄羅斯對她的親歐政府祭出「市場價格」的殺手牌時，季莫森科卻是最早的親俄倒戈者。她自立「在野聯盟」，國會議場拳腳相向，然後再度出任總理，並表面靠攏俄羅斯，完成天然氣價格協商。然而克里姆林宮瞭解她的投機，並不信任她，五年後再度扶植真正親俄的亞努柯維奇（Viktor Yanukovych）指控「天然氣公主」以不合法、不誠實手段致富，俄羅斯並提供「天然氣公主」二〇〇九年與其打交道的天然氣供應協商的祕密文件，重挫她的形象，最終此次逃亡的總統亞努柯維奇險勝三%，二〇一〇年贏得大選。

自一九九一年獨立，烏克蘭歷經四位總統，兩場革命，分別重複兩次向東或向西走的選擇；然後一切始終回到原點。經濟仍破敗，二〇一五年烏克蘭有一百六十億美元主權債務到期，如果沒有外國協助，必然違約，並引發東歐金融風暴；而所有烏克蘭擁有的資產小麥、玉米、煤礦、鐵礦，在國際商品市場仍屬低點。自去年底美國減少購買公債（QE3）及中國經濟趨緩後，國際大小新興市場均現危機，尤其糧食礦產出口國，皆出現通膨、貨幣貶值、經濟動盪……最終演變爲政治動盪。

二〇一四年六月，示威者群聚烏克蘭國會議場外道路，用議員肖像鋪成一條「羞辱走廊」（corridor of shame），要求解散國會。（圖片來源：達志影像提供）

烏克蘭是革命成功的第一個例子，後面還有土耳其、委內瑞拉、阿根廷、泰國……等待。但簡閱烏克蘭歷史，此次的差別主在俄羅斯出兵克里米亞，三月十六日克島應會公投最終加入俄羅斯聯邦。

留下破產的烏克蘭，面對早已歷經的命運。今年四月天然氣價格高漲後，經濟進一步崩潰；人們在痛苦的革命後繼續詢問，烏克蘭到底該「往西走、往東走」。歷史的風沒有答案，只有複製；風，呼嘯而過，殘留疑惑的烏克蘭人。

歷史很遠，也很近。革命，換一面旗幟容易；解決問題，還是得回到烏克蘭痛苦的根本：經濟若不夠強，無論往西或往東走，烏克蘭都不會找到答案。

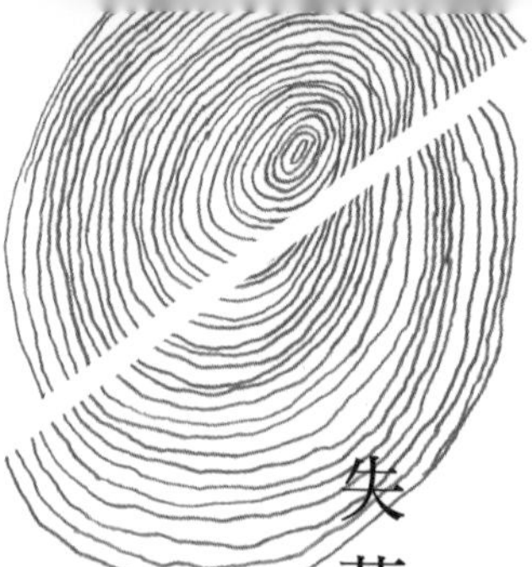

# 失落的一代

我無法給讀者全貌；因爲連英國媒體也找不到答案。

英國廣播公司引述倫敦二〇一三年八月六日起的暴動景象，有若電玩閃電戰；部分地區讓活過二次大戰的老人回憶起德軍轟炸的景象。在伯明罕十五年輕人砸破藥店，有人試圖保衛其他商店，一台瘋狂的車子向著身無寸鐵的義務保衛者衝過來，先輾死了一人，再倒車，徹底輾碎死者的頭顱，再衝一回；這一次「復仇之車」成功地撞死了兩人；任務達成。

倫敦有太多傑出的歷史學者、社會學家，本來可以告訴我們這一場持續一整週，從倫敦四面八方，燒向利物浦、伯明罕、曼徹斯特……整整八天的暴動爲何發生？然而他們內心蘊藏了太多深刻的悲傷，一下子答不出來。

首相卡麥隆從義大利一回國，下令警方動手抓人。

英國二〇一一年街頭暴動。失落的一代轉為「憤怒的一代」，時代把他們壓得扁扁的，於是去他的教養，去他的牛津；人性中的愛，徹底地被恨取代。（圖片來源：Getty Images 提供）

卡麥隆認爲警方太晚動手抓人，是全英動亂的主因；但這顯然不會是歷史學家可以接受的答案。被逮捕的多爲年輕人，不分膚色，不分族裔，甚至不只爲了貧窮。他們有人是大學畢業生，有人爲大學助理教授，有繪圖工程師。英國政府發言人憤怒的表示，這群年輕人濫用英國的民主，他們並非受歧視的邊緣族裔，許多人仍有收入，或領政府津貼。英國官方的總結：年輕，就是要亂，問題出在教養。

英國首相前顧問丹尼．克魯格則提供我們另一個視野。他先看著倫敦火光沖天，接著親眼目睹伯明罕車子故意撞死人的「手機上傳」畫面，憤怒地一一記錄這群「孩子們」驚動英倫史的對話過程。

先是八月七日下午，一條短信在黑莓手機流傳，

「所有北部兄弟們，下午四點菲爾德（Enfield）車站集合。」短信寫道：「不管你來自何方，蒙上臉來這裡集合。我們一起搞破壞，看什麼，搶什麼。」

接著八月九日，一則「戰果」發表於 Twitter 上，暴徒襲擊了諾丁丘（Notting Hill）最昂貴餐廳。即使電視台一旁採訪，一名婦人公然自某家商店搬搶一台電視，並宣稱「我只是拿回我交的稅。」

於是英倫之霧（London Fog），舉世聞名的迷霧，更阻擋世人對這場騷動的理解。它不是郊區失業率暴動，它不是黑人或土耳其後裔引發的騷亂，它在英國市中心、貧窮區、富人區……盡情全面地破壞。

丹尼．克魯格目前擔任英國預防犯罪慈善組織 Only Connect 執行長，他結語這場不可思議的暴動：

「我們」寬容「他們」，但「他們」對他人只是以盡可能的方式證明自己的可恥。他們並不在乎毀掉自己的人生，反正這個淪落的國家已經把他們毀了！

BBC訪問一名參與暴動的大學生，二〇一〇年十一月他與數萬名牛津大學生上街抗議政府調整學費三倍，遊行大致和平落幕。他坦白地告訴BBC，我們和平示威，然後國會平靜地把我們徹底出賣。「只有暴力，才足以震醒那些自以爲是的上流人士。」

英國大學原學費每年約爲三千英鎊（臺幣十四萬元），二〇一〇年十二月九日國會以三百二十三票對三百零二票通過大學學費調漲案，從此漲至九千英鎊（約四十二萬臺幣）。當天三萬名學生已預告了此次八個月後的暴力演出；隨著國會表決出爐，學生開始丟棍

英國官方稱二〇一一年青年暴動是一場「可恥的騷動」，他們濫用英國的「民主」，把世代的挫折變成暴動的「復仇之車」。（圖片來源：CFP 提供）

棒、縱火，並焚燒原本過兩週後爲衆人祈福的國會場外大聖誕樹。

支離破碎的英國給了許多人沉思，英國的社會福利、公租屋、貧困照顧，在全球幾乎首屈一指。但福利金代替不了親情，公部門冷冰冰的社會服務取代不了日漸西落的經濟大環境。已被迫卸任的國際貨幣基金組織（IMF）前總裁卡恩，二〇一一年四月出席財長會議時曾深刻地感慨二〇〇八年金融海嘯後年輕的一代，他很擔心這些人如今的失業，將是永久的失業。因爲這場七十年一遇的大衰退，歐洲至少十年以上才能恢復；而屆時他們又已太老了，有人可能永久失業。卡恩用了一句悲傷的字眼形容他們：「失落的一代」。

如今失落的一代轉爲「憤怒的一代」，時代把他們壓得扁扁的，於是去他的教養，去他的牛津；人性中的愛，徹底地被恨取代。

發狂，或者用官方的字眼「可恥的騷動」，帶領他們前往一個沒有目標、沒有目的地的地方。隊伍在Twitter召喚下前進，希望早已被擱置於比星辰更遙遠的國度。

英倫憤怒的靈魂如今或許已然疲憊，倫敦漸漸安靜了；但相同的怒吼聲正在其他國度街頭……一一上演。

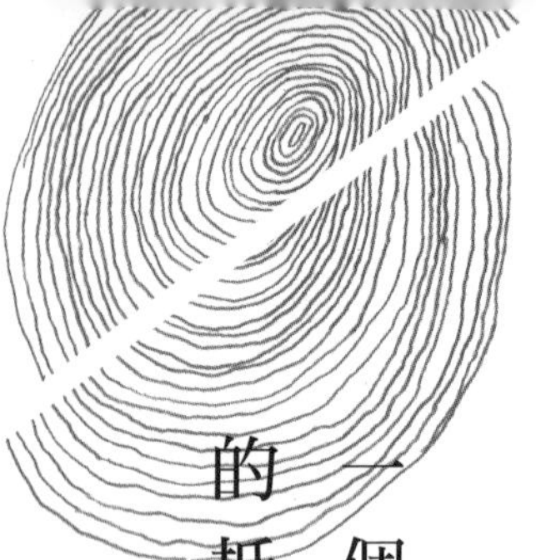

# 一個孩子的抵抗

孩子你一定要好好長大！這是一張來自巴格達的照片，一個看起來只有八歲到十歲左右的小孩，持長槍準備保護自己和家人。他的眼睛深凹，我看不出那個表情和眼神是驚恐、是勇敢、是對命運的不知危險……他沒有笑容，嘴巴微開。胖嘟嘟的孩子，在西方應該還是玩樂高的年齡，在這裡是偷打電玩的小鬼，在一般社會是學校習課連偷看女生都還沒學會的歲數。他拿著長槍，身體探出車窗外，身手好像很矯捷；但槍刺長過他的頭約五十公分，槍柄低於他的大腿……這個不知名的巴格達小孩，個兒只比一把長槍高一點點。

在這篇文章發表後一週，他可能已經死於戰場，可能活下來……遜尼派極端組織ＩＳＩＬ已經兵臨城下，離巴格達約四十公里處與政府軍交戰。在此之前，

ＩＳＩＬ勢如破竹，兩天內攻占摩蘇爾等兩大城，接著又奪下薩拉丁省白吉市的伊拉克最大煉油廠。ＩＳＩＬ所到之處，八百個聖戰士足以讓持美軍先進武器的伊拉克政府軍三萬人落荒投降。

亞細亞沒有太多孤兒，眞正的孤兒在中東；在國際強權殘忍的掠奪、宗派之間殘忍的屠殺下。黑色的眼珠，空氣中的黃沙，屠殺是一種味道，血不只是顏色，而是眞實的命運。孩子，來不及哭泣，當他的眼淚掉下來時，子彈可能已經穿過他的胸膛；縱然親人淚下，風中之沙、遠端的爆炸聲，足以掩蓋一切。

ＩＳＩＬ的出現對美國二〇〇三年發動的伊戰及二〇一一年起歌頌的「阿拉伯之春」都是一記大耳光。歐巴馬、希拉蕊、共和黨葛拉漢等人爭相爲自己當年的出兵或撤軍卸責，我可以寫一句罵人的話嗎？「Who Cares？」、「請閉嘴！」因爲眞正付出代價的是敍利亞、伊拉克的老幼婦孺。一個非常諷刺的現象，最終出自美國前國家安全顧問口中：「美國，可能必須承認，目前當地最穩定的力量是『伊朗』」。二〇一四年六月十六日美國還與伊朗於維也納會談，最終在美國國內各方抨擊下，「好似沒有結論」。美國大致決定由什葉派宗主國伊朗主導當地局面，提供「情報」給伊拉克搖搖欲墜的馬利基政府。至於出兵空襲，考量可能激怒中東其他地區的遜尼派更走向激進極端勢力，目前猶豫不決。

ＩＳＩＬ起源於伊拉克戰爭、茁壯於敍利亞過去三年內戰期間，它的目的是建立大遜尼派伊斯蘭國家，領土包含敍利亞至伊拉克西部及大部分北部，也是我們歷史上熟悉的「肥沃月灣」。早在西元前三千年，蘇美人在此創造了人類最早的文字，巴比倫王國及亞述王國都曾在此建立燦爛文明。「肥沃月灣」的大舞台即是歷史書上著名的幼發拉底河、底格里斯河，兩河流域。西元七世紀起，阿拉伯人牢牢占領並居住於「月灣」；但在過去一千三百年裡，這片土地真正由阿拉伯人自己統治自己的時間僅僅三個多世紀。在上個世紀初英國殖民伊拉克，法國殖民敘利亞……伊拉克當地石油收入七〇％掌握於英國石油公司手裡，外國壟斷伊拉克多數收入，僅八．五％屬於伊拉克本地人。如果要說當地過去一百年最可怕的獨裁者，可能輪不到被美國人吊死的海珊，而是英國殖民壟斷年代。五〇％的兒童活不到十歲即夭折，人均壽命只有三十歲。

看起來只有八歲到十歲左右的小孩，持長槍準備保護自己和家人。他的眼睛深凹，我看不出那個表情和眼神是驚恐、是勇敢、是對命運的不知危險……（圖片來源：文茜世界周報提供）

一九五〇年代之後阿拉伯世界出現「大阿拉伯民族團結」的呼聲，軸心以埃及領袖納瑟（Gamal Abdel Nasser）爲主；現代阿拉伯史於是開始衝開另一道門。利比亞格達費、伊拉克海珊都是納瑟信徒。而在靠近「月灣」這一帶自二戰快結束時，便出現了「大阿拉伯復興黨」。ＩＳＩＬ事實上便是承繼那個源遠流長的革命傳統，他們的手段殘忍；但對ＩＳＩＬ而言這是以小搏大如當年蒙古「狼騰圖」般的征戰法。二〇一三年一年ＩＳＩＬ對伊拉克已發近一萬次行動，一千次暗殺，每回屠殺斬首反對者後便公布照片；取得油田後收入更大增，該組織還相當「Facebook」化，每次軍事行動即於網上發布照片並公布財務報告。ＣＮＮ直指：

ＩＳＩＬ的企業化運作惹人注目。

ISIL在敘利亞的活躍過去「文茜世界周報」曾報導，但美國多數媒體並不關注；直至此次占領伊拉克第二大城。二〇一四年六月中旬英美國際石油公司紛紛棄守北方油田，國際油價逼近九個月來新高，光是一週即漲四．五%；即使已經擁有頁岩油氣的美國，加油站油價也破「四美元」關卡，開始威脅全球經濟；美國各電視台當家主播於是紛紛飛往巴格達；報導一場無以言喻的悲劇，那個已經被他們毀到無法收拾的國度。

而巴格達的孩子，來不及風中哭泣．他只有一個選擇：拿起槍來，從事「一個孩子的抵抗」。

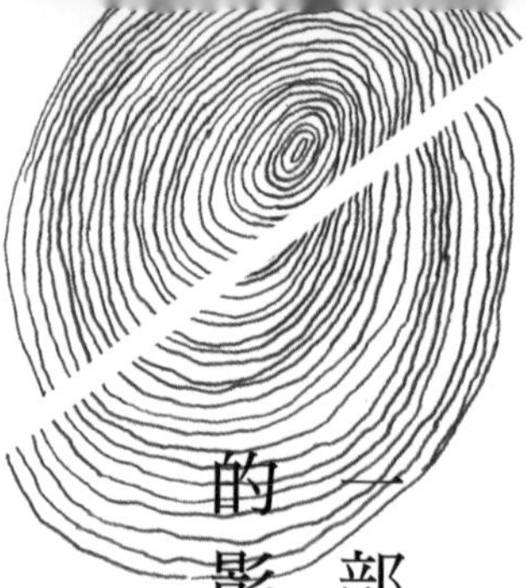

# 一部「失敗」的影片

二〇〇三年三月二十日，美國總統小布希宣布：「就在這個時候，美國及其聯軍已經展開軍事行動，解除伊拉克武裝，『解救』當地人民，『保護』世界免受重大威脅。」

那是伊拉克一個漆黑的夜晚，也是世界第一場戰爭，以高科技美國有線電視網（CNN）全程直播。一大群B-2隱形轟炸機於距離伊拉克首都上空盤旋，瞄準軍事指揮部與防空司令部投下衛星導彈；隨後成群結隊的海軍F/A-18F超級大黃蜂艦載戰鬥機、空軍F-15、F-16戰鬥機撲向他們認定的生化武器工廠（後來證實只是聯合國水利設施）；戰斧巡航導彈如雨點落於海珊五十個精銳部隊駐地包括總統府及官邸。沒多久，佩戴夜視鏡的美軍特種部隊奪取伊拉克南部和西部機場，約十二萬名美軍、四萬五千名英軍地面部隊從這裡前進。兩週後，英軍控制南部石油出口港巴斯拉，美軍控制其他魯邁拉、馬吉努、西吉爾納等油田；三週後才進入首都巴格達。美軍並沒有立即建立巴格達內的城市秩序，或者明確地說，他們的興趣不在此。巴格達這個五千年古城進入無政府狀態，國家博物館遭洗劫，上萬件珍貴歷史資產從此失蹤；至今無人關切。這場戰爭不只是人被屠殺的戰爭，也是歷史被屠殺的戰爭。

十一年又三個月過去了，巴格達再度陷入激戰；這一回是以大阿拉伯主義爲核心的遜尼派激進組織ＩＳＩＬ和美國扶植的伊拉克馬利基政權交戰。十一年又三個月，伊拉克人民不但沒有得到美國允諾的解放自由，反而一步又一步，一日又一日陷落更大的危險。

而西方特別是美國，在這十一年始終關切的一直只有一個關鍵字：Oil（石油）。

美國前聯準會主席葛利斯潘下台後，二〇〇七年曾在他的回憶錄吐露眞言：「我很遺憾，一個在政治上不願承認的事實是：伊拉克戰爭主要是爲了石油。」ＩＳＩＬ於伊戰二〇〇三年成立，二〇一一年起因敘利亞內戰而壯大。二〇一三年一年開始猛攻伊拉克，斬首異己，一顆顆頭顱殘酷擺在街上公然示衆時，急於撤軍的華盛頓可能只把此事當成另類「中東式殘忍」……直至六月初ＩＳＩＬ攻占了北方石油重鎭摩蘇爾；「石油」關鍵字再度輸入華府的政治網路神經，白宮緊張了。緊張到不惜與伊朗什葉派政府聯手，協商如何共同聯手打擊遜尼派ＩＳＩＬ。白宮從原本表態只提供情報資訊給伊拉克政府軍，變成派出三百名軍事顧問。理由也很簡單，如果ＩＳＩＬ的勢力再蔓延至巴格達南部，將當年美國占領的油田魯邁拉、馬吉努、西吉爾納奪走，美國將一無所獲；而國際布蘭特油價可能觸及每桶一百二十美元，全球經濟將因此平均下滑〇．六％。

美國華盛頓今年初本來並不太在意伊拉克情勢轉變，因爲自從頁岩氣開採成功後，對伊朗、伊拉克石油最依賴的國家反而是中國。華府一名國務院高級官員曾聳聳肩說：「關於伊拉克，那已是中國人的事，不是美國人的煩惱。」

人總在不經意時說出實話，十一年前承諾的自由呢？從上空撒下傳單允諾的「解救」呢？華盛頓把「伊戰九年」只當成一部失敗的好萊塢影片，斥資上兆美元，「拍片」過程約四千名美軍喪生，伊拉克至少十萬至五十萬平民死於戰亂，失業率一度高達九〇%。

而這部「失敗的影片」代價不僅於此。二〇〇三年伊戰開始之前，油價每桶僅二十六美元，伊拉克戰爭一開戰，海珊主動先破壞了多數油田，多年後伊拉克才部分恢復生產。從此石油永遠在一桶七十美元以上，二〇〇八年五月已達一百二十六美元，二〇一四年六月仍處一百美元上下；即使歷經金融海嘯、歐債危機、中國等全球製造業皆趨緩，石油價格始終為伊拉克戰爭前的四倍。二〇〇七年一部《石油危機》為名的紀錄片指出，全世界數十個生產石油的國家有半數已達出產頂峰；唯獨占有世界三分之二石油產量的中東地區，特別是伊拉克，尚未達生產的高點。石油是金錢、是戰爭、是血、是謊言……二〇〇三年伊戰目的爲此，一向反伊戰的歐巴馬轉變立場派遣軍事顧問再介入伊戰，也是爲了搶奪僅存的南部油田和目前雙方激烈爭奪的伊拉克最大煉油廠，地點距離巴格達以北二百公里的白吉市。目前煉油廠戰鬥仍持續，白吉市煉油廠幾乎提煉全伊拉克石油。這一次的油田保衛戰若垮，不只是中國五分之一依賴伊拉克石油得另覓來源，美國艾克森美孚（Exxon Mobil）、英國石油公司（British Petroleum）在當地的投資將化爲泡影。

一個諷刺的歷史貫穿線是英國石油公司的貪婪。二十世紀上半個五十年，英國法國殖民伊拉克敘利亞，列強將原本隸屬敘利亞的摩蘇爾北部油田劃入伊拉克國境，種下今日教派之爭，其目的只是爲了讓英國石油公司掠奪當地七〇%石油：在英國殖民期間，伊拉克半數小孩因飢餓活不到十歲，平均年齡只有三十歲。伊拉克戰爭時，英國首相英俊的布萊爾以外交聯美之名又毫不羞愧地加入「自由聯軍」，然後在戰爭過程中打了一場先搶奪油田，再打首都的「詭異」之戰；直至此次ＩＳＩＬ勢如破竹，英國石油公司才再度宣布撤離。

我們可以歌唱人生彷彿一首悲歌，美國可以認爲伊戰只是一部失敗的「戰爭電影」，票房不佳。但對伊拉克人民而言，這不是一部「電影」，是一場生命的摧毀，家園的摧毀，一切的摧毀。

伊拉克首都曾經遍布海珊畫像，一九七九年他出任伊拉克總統兼武裝部隊總司令、復興黨總書記前，伊拉克已從英國獨立並推翻費薩爾王朝二十一年（一九五八年）；但二十一年內暗殺、政變、權力更迭……縱使侵略者走了、王朝帝制滅了，喧囂、搶奪權力及石油財富的故事，在豐沛的石油供給下，政變之火始終熊熊燃燒，從未離開底格里斯河畔。

一九七九年海珊大權在握後，他已逐漸忘記自己長達近三十年爲「大阿拉伯復興」英勇負傷當刺客奮戰的往事。這個自出生時父親已去世的沙漠孩子，只記得伊拉克獨立後是一部又一部奪權的戲場，他得牢牢抓住自己的權力。一段關於海珊的影片記錄了他在黨內令人顫慄清除異己的行動；他在公開大會上宣布：「你們當中有叛徒。」然後坐主席台上抽起菸斗，不語；當場復興黨黨員們既恐懼也自保地呼喊他的名字，高聲宣誓效忠他，而同時另一批禁衛軍走進來，按著名單帶走若干十一年又三個月，伊拉克人民不但沒有得到美國允諾的解放自由，反而一步又一步，一日又一日陷落更大的危險。（圖片來源：Getty Images 提供）

人，場外處決。

每一場戰爭皆隱喻著另一場戰爭；每一個殘忍都催生著另一個殘忍。如今崛起的ＩＳＩＬ，作風及主張與海珊類似；ＩＳＩＬ成立於二〇〇三年美國編織藉口發動的伊戰時，當時無法形成龐大勢力，直至「阿拉伯之春」吹向敘利亞。三年內戰壯大了ＩＳＩＬ，近一年轉戰伊拉克，迅速於遜尼教派地區以及海珊家鄉獲得驚人的勢力。ＩＳＩＬ志在建立一個領土橫跨敘利亞、伊拉克兩國的遜尼派國家，稱之「哈里發」（指先知穆罕默德的繼承者）。他們行事對異己殘忍，可能成爲全球最激進的伊斯蘭聖戰組織，對復興「大阿拉伯」免於被美英強權操弄有著崇高使命。我曾在紐約訪問一個專門針對戰爭中救援女性成立的組織「Women For Women

International」創辦人Zainab Salhi，美豔的她曾稱海珊爲叔叔。她的父親爲海珊私人飛機駕駛，兩家往來密切；當伊拉克人民三分之一生活於貧窮線下，她的父親開賓士，她的行李箱是LV，她小小年紀鍾愛的所有衣裳幾乎皆爲德國愛斯卡達（Escada）品牌。她回憶自己逃離伊拉克之前的日子，「每個人都很謹慎，即使你是他的朋友，下一分鐘你即可能消失……」但看到海珊被吊死處決的畫面，她仍頗爲傷感：「妳知道，我們曾經如此親近……」；已相當熟悉中東政治的她預言：「和平很難降臨，這裡滿布仇恨的記憶，海珊不會是最後一個獨裁者。」

我採訪她一年後，巴格達郊外的激戰再度震撼了她。Zainab前幾天寄了一封E-mail至我的信箱：「Sisy，妳看到我的故鄉嗎……我正在紐約顫抖。對在美國生活的人而言，那只是美國人不堪回首的戰爭往事、如今又起波瀾；對我而言，我感覺彷似自己的腳趾被砍斷了……。我在紐約，我卻無法呼吸……。」美國人可以冷眼旁觀，留在美國的伊拉克後裔Zainab，她辦不到。

國際專家相當震撼伊拉克政府軍如此不堪一擊。政府軍號稱十九萬人，擁有美國的武裝並受到美國號稱一流的軍事訓練；但自二〇一四年六月十日ISIL發動大舉進攻後，政府軍立即丟盔卸甲、繳械投降，或者假扮平民逃離戰爭。美國專家至今沒有答案，而就在華盛頓尋找答案時，政府軍繼續逃，ISIL繼續進攻，人民、孩子、老人繼續死亡。

我想起二〇一一年十二月十七日歐巴馬宣布自伊拉

克撤軍時，記者追問關於小布希宣稱出兵理由「大規模毀滅武器」在何方？美國前武器查核組負責人的一句話：「結果是我們全弄錯了。」

弄錯了。句號……沒有下文。昨日的誓言，只留空白；錯誤的歷史，「失敗的影片」以高油價，以伊拉克平民血流成河「拍攝」了續集。伊拉克可能從此割據三方（什葉派、遜尼派、庫德族），各擁油田，每日互相屠殺；有若昔日消失的「南斯拉夫」。

恩怨永遠並不如煙，不如煙。

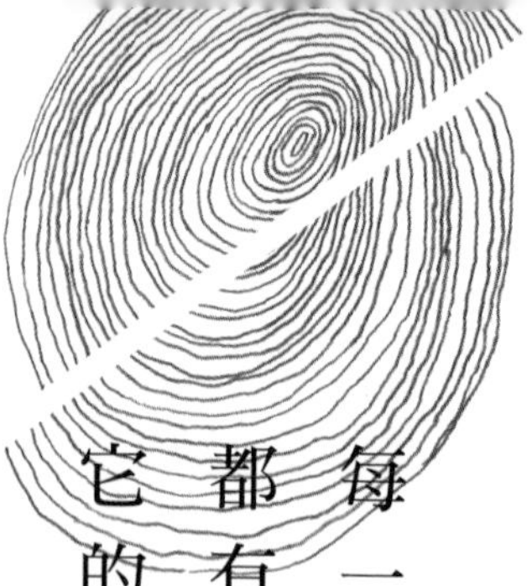

# 每一段歷史，都有它的情緒

歷史只是一張薄薄的紙，你誤以爲它堅硬如石，其實一踏就破；所謂「文明」，也只是一個細緻的陶瓷罐，一摔即碎。

現在我們得愈來愈「感念」那些曾經占領立法院的年輕人，如何以「騷動」昭告醉夢中的成年人，我們活在一個多麼「不確定」（非小確幸）的年代。於是人們開始願意打開眼睛看看「島嶼」以外的世界，巴西、泰國、烏克蘭、土耳其……「啊！越南。」

越南的暴動以簡易決絕的方式，讓台商驚覺不斷追求廉價勞動力的製造業之路，如今多麼難以持續。經濟大衰退後，曾經如印鈔機般的大陸臺灣鞋廠、紡織廠、塑化廠……毛利率只剩四%；二十年好光景終於結束。二○一○年初大陸大幅提高基本工資，台廠被迫全面遷徒越南，甚至孟加拉、柬埔寨等地。

我們對越南那個看似體格嬌小的民族瞭解太少。越南歷史上最著名的國家英雄，大半為「抗中」英雄。越南二千年的歷史，皆是對抗「外來者」血跡斑斑的歷史。越南民族主義者流行的諺語是：「如果我們失敗了，我們會把希望託付給下一代。」越南史上最著名的抗中英雄是一對姐妹花，徵氏姊妹，又稱二徵夫人；她們的故事如今仍廣為人知；儘管那已是二千年前的傳奇。西元四〇年東漢光武帝派至越南的交阯太守蘇定對當地民眾橫徵暴斂，並濫殺菁英，二徵夫人舉兵，攻下六十五座城池，一度被推為「徵王」，統治範圍包括今日越南中北部至廣西欽州。隔兩年東漢光武帝率兵二萬八千及二千艘車船，仗打兩年，二徵夫人戰敗至死。

一九六四年七月中國爲恢復中越關係，周恩來至河內訪問，還特別至二徵夫人陵墓獻花。在越南人的傳說中，二徵夫人是翱翔於高山上的雄鷹，「仙龍」的後代，她們不只是越南婦女的最大光榮，也是越南長達一千年反抗中國統治的象徵；越南當地的史書上尊稱兩位奇女子爲「徵聖王」。各地皆有大量紀念二徵的祠堂、廟宇以及以她們爲名的街道；每年陰曆二月六號（傳說中的二徵殉難日）爲國定紀念日，她們的形象被描繪成騎在大象背上作戰的統帥，印於官方郵票上。

當台商或者鼓勵南進的政治人物經濟學者，決定將工廠遷至越南時，他們對越南的理解是脫離歷史脈絡的，即使存在也只有法國自十九世紀起的殖民史，或者一九六〇年代殘酷的越戰。其實越南是一個憤怒的國

越南的暴動以簡易決絕的方式，讓台商驚覺不斷追求廉價勞動力的製造業之路，如今多麼難以持續。（圖片來源：文茜世界周報提供）

家，每一段歷史皆為血淚。越南國父胡志明曾經向法國人警告：「我們可以用十條人命來抵你一個；即便如此，你們最後還是輸定了……我們切記風雪傲松柏的道理；在風雪中，松柏永遠更挺拔更蒼勁。」

二〇一〇年我曾訪問越南，深入北越共軍出沒森林地，親眼目睹遭美國落葉彈投擲的土地，那不只是對人的殘忍，三十年未曾消退的化學物質殘留其間，有些寸草未生……。越南是世界上平均年齡最年輕的國度之一，約二十五歲上下；看在投資者眼中它代表「豐沛的勞動力；看在歷史學家的眼中，那代表「老一輩的人幾乎被殺光」。一名清秀的越南女子，正在山中幹活，她看著我，嘴角抿著一絲微笑；但不知為何，我在她清澈的眼神中，看到一縷淡淡的「恨」。她是一名寡婦，丈夫死於越戰，兒子被活活炸死，死時不到五歲。

對越南歷史及民族性的薄弱理解，使人們將此次越南排華只鎖定於南海石油開發爭奪戰，甚至扯上「貧富差距」。越南人均一千八百九十六美元，非常貧窮，二〇一三年通膨六・六％，貧富基尼係數尚可百分之三五・六（比中國、印度、巴西等皆低）；此波經濟最糟時刻爲二〇〇八年，當時通膨高達二八・二四％；經濟成長率自二〇〇八年（八・四％）、二〇〇九年（六％）……逐漸趨緩，去年二〇一三年仍維持五・四％，目前通膨四・四五％；經濟或仇富皆非主因。如果不從歷史思索，我們不會理解這個看似「寧靜國度」，每一個家庭、每一個越南人的血液裡，都流著「抵抗外人」的基因。

只要那個歷史缺口出現，仇恨隨時湧出。

離開越南撤資？整個東南亞的歷史本來就是一段殖民史，血淚斑斑；而且政權更不穩定；尤其印尼等排華更非千年往事，而是近代活生生的現事。

只能說，那個離開臺灣後，台廠追逐廉價勞動力繁榮的年代，在中國大陸飛黃騰達的故事，已是最後一哩路了。

# 她、他、她、他

她是一名養女，賣醬菜家庭的女孩；但她有著藝術的狂想，師承蔣勳；有一回開個小畫展，幾幅扶桑或紅、或白；她的生命沒有灰色，驚豔的慾望扶桑，使林懷民掏腰包買下兩幅；畫下方左角署名依蘭，字體倔強。她畫的花像醬菜，會飄香。

他本是一名守著鐵飯碗的公務員，唯一讓他悸動不安的是迷上了航空攝影。初起，那只是一個特殊嗜好，甚至有時可以賣照片給房地產商當廣告賺點錢，然後他的夢從狂喜地看到美麗的土地，至親眼目睹一天又一天、年復一年受傷的土地。他安定的日子開始掀起波瀾，像乩童附身一名小公務員，扮演起島嶼救世主角色，先是把房子抵押了，買一套三千萬高清攝影機，開工作室……然後生活離他的公務員工作愈來愈遠。他得抓住自己最後的體力，抓住每一個晴朗的日子，才能完成所有臺灣人該「看見的臺灣」；像鳥一樣高度的眼睛，一樣銳利的眼光，看見玉山東海岸之美，也悲嘆河床山坡之摧殘。於是他居然瘋狂辭去了二年後即可領退休金的公務員職業，完成臺灣第一部空拍紀錄片。他的名字叫齊柏林，外省第二代，除了環保地質領域的人認識他之外；他默默無名。一個小人物，卻有拯救臺灣土地的大志向。

另一個她，叫周育如，她不喜歡每天打開電視報紙「加倍奉還」的臺灣；她不認為那是眞實的臺灣風景；於是與臺北市文化局合作，個子很小臉圓圓的周育如開始了一個「微笑臺北計畫」，她希望臺北多一點微笑；在華山藝文特區策展名為「故事之椅」的活動，每個人帶一把椅子到現場，敘事這把椅子的故事。最終得獎的並非名設計師之椅，而是一把破舊、少了半隻腳的折疊椅。這把椅子曾經帶著某個家庭，旅遊世界，濃濃地聚合了一家子共同的人生回憶。

還有他，開了一家稻禾拉麵店，麵來自中部一名拉麵達人，求了數回均被拒，最終因爲他以負傷姿態數次懇求，達人點了頭。「稻禾拉麵店」裡除了老闆，員工全是原住民；「尊重原住民」可以選擇綁布條於頭上抗議，但拉麵店卻幫這群原住民年輕人眞實拉出一條不同的人生道路。

她、他、她、他……都是報紙上鮮少出現的名字。打維基百科（Wikipedia），沒有這群人的存在；但他們不熱衷倒閣、馬習會、民調……默默選擇盡已之力，改

她他她他……都是報紙上鮮少出現的名字，他們不熱衷倒閣、馬習會、民調……默默選擇盡已之力，改變熱愛的故鄉。（圖片來源：達志影像提供）

變熱愛的故鄉。沒有誰，要誰加倍奉還！

只有天天自問，如何加倍奉獻。

這是一張錯亂的地圖。八〇年代，臺灣的政治運動衝撞戒嚴體制，釋放了被緊綁的社會力；然後屬於臺灣的「柏林圍牆」倒塌了，小劇場、環保運動、新電影……一一崛起，三十年後，那些曾經帶領社會往前走的「政治工作者」風霜了臉龐，卻因執迷「權力」把自己囚禁於早已推倒，另一個想像的、無形的、永遠走不出來的「柏林圍牆」。曾經的帶領者沒有跟著社會前進，反而後退，最終甚至成了絆腳石。

於是一個又一個她、他、她、他……冒出來，不說政治、不熱衷權力，知名度，賭上家產性命，只期盼臺灣能保留好山好水；奔馳巷弄只希望臺北人多一點微笑；拉起長長的麵條，但盼有些生命的希望可以因此拉地更長更遠。

感謝她、他、她、他……。謝謝她們。衷心鞠躬。

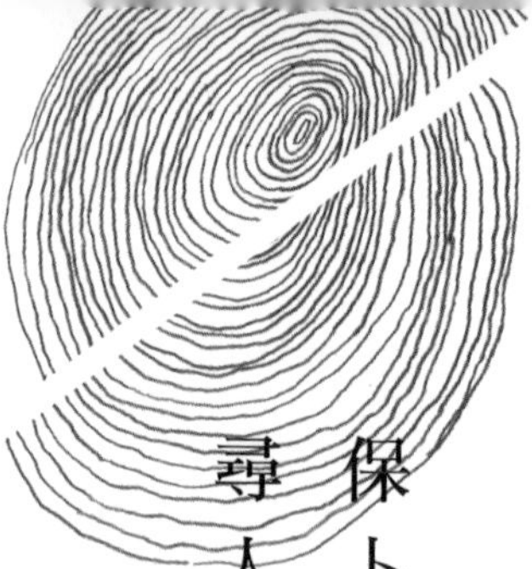

# 保卜的尋人啟事



一艘破帆的船，大海中飄泊。誰還記得誰的體溫？每個人都在伸張他的權利，指責別人的不道義。

破帆的船上，有一名寧靜少年。他本非安靜的孩子，寫功課，坐不住；除了練吉他，他奔馳山間渴望成爲獵人。但爲了圓音樂之夢，他選擇安靜的敞開胸懷，在破帆之船中，艙裡臥，清風吹。他的心中有一首歌，風吹，是他的和音；海浪是他的旋律。這首歌好久好久，不曾唱起，卻總念心頭：「尋人啓事」，他想尋找當年十七歲到臺北第一個伸手幫助他、給他一份「20K」（二萬）臺幣工作的恩人。

他是吉他手保卜，恩人是他心頭的一個影子。那個影子在冰冷的社會中，充滿了體溫，保卜剛離開臺東台坂部落時，身上帶著爸爸給他的八千元臺幣；他可沒什麼榮幸體會「小確幸」，只知道這代表父親成全他的音樂夢、全部的愛。臺北郊外他在林口租下一個小房間，開始找工作，到處碰壁，老闆們總是這麼說：「原住民，愛喝酒、不定性……不行啦！」曾經有段時間，保卜躲在被裡哭，哭他的原住民身分，哭他的族人留給城市人的印象……他沒有恨，只著急爸爸給的錢快用完了。剩最後一張紙鈔時，保卜搬出住處，成爲正式的「街友」。他挑選了林口一處有籃球場的公園，白天求職，晚上球場邊洗水檯擦洗淨身，讓自己維持乾淨「漂亮」的樣子。公園裡的月光是女高音，蚊子是男低音……破舊的吉他是陪伴他的戀人。公園街友的日子裡，保卜沒有悲嘆，也不再飲泣。山上的孩子，不懂得什麼叫「話滄桑」，看著萬家燈火，他相信，這些燈火中一定有一個有溫度的人。

一個星期過後，保卜碰到了黃姓小老闆；說是老闆不如說是幹粗活的。黃先生僱佣保卜和他一起搬米送油，工作非常沉重，一個月二萬元臺幣的薪水；對多數讀書人這或許叫「剝削」，對保卜而言是他結束街友，有個「遮蔽之處」人生的開始。

據說好的創作者，人生必須從辛酸開始。保卜卻從「感恩」開始；黃老闆的信賴、鼓勵、包容，甚至幫他每晚過了六點後到桃園吉他音樂班教吉他賺外快……十多年了，保卜把這些雞毛蒜皮的小事，全一點一滴記在心裡。訪問他時我心算一下，問他「二萬塊臺幣，夠你租房、吃飯嗎？」他笑著回答：「我很會餓耶，我一天只吃一餐。」所以，「我好渴望當兵，一天可以吃三餐，幫長官打飯，還可以吃兩隻雞腿。」接著已年近三十的他，對著電視鏡頭開心地問：「現在還可以再回去當兵嗎？」

世界那麼冰冷，人情那麼脆弱。當同一艘破帆船上的人，皆一一控訴自己的悲慘命運時，保卜的吉他聲卻充滿空靈飄渺；在一個本是春天卻「狂躁」的季節裡，如深藏已久的夜鷹，爲我們唱回春天的柔軟。他彈奏動人的「Fingerstyle」吉他，和家家合作〈爲妳的寂寞歌唱〉，爲獵人曾祖父寫下〈月光獵人〉……尤其爲感恩失去聯繫的黃老闆，寫下〈尋人啓事〉。我終於知道爲什麼歷史上「音樂」的力量，總比「口號」動人。

不忍心和保卜討論太多城裡人們浮躁的情緒，他的心那麼乾淨，那麼遼闊……即使見面數次，我只是不停

為了圓音樂之夢，他選擇安靜的敞開胸懷，在破帆之船中，艙裡臥，清風吹。（圖片提供：李欣芸音樂製作有限公司）

二〇一四年五月，保卜終於出版人生第一張專輯《我愛台坂》。不再逃避原住民身分，回到他生命出發的地方；並想念起他剛到城市裡的第一個體溫。（圖片提供：李欣芸音樂製作有限公司）

祝福他，願他永遠攜帶山上泥土的芳香，有韻的靈魂別沾濕城市的汙濁。我知道他是無懼的獵人，再黑暗，森林裡仍有月光；我知道他是遠古勇士們的後代，帆破了，也不會懼怕風浪。

「我在夢的邊界升起熊熊煙火，召喚一個遠古的約定。不久，忠誠的勇士們就會來到我的床前集結。他們乘著曙光，和我並肩走入日間生活的戰場」。——保卜，寫於莫拉克風災後，作品〈狼煙〉。

二〇一四年五月，保卜終於出版人生第一張專輯《我愛台坂》。不再逃避原住民身分，回到他生命出發的地方；並想念起他剛到城市裡的第一個體溫。

當保卜寫下〈尋人啓事〉時；我想問眾人，你們還記得彼此曾經的溫度嗎？

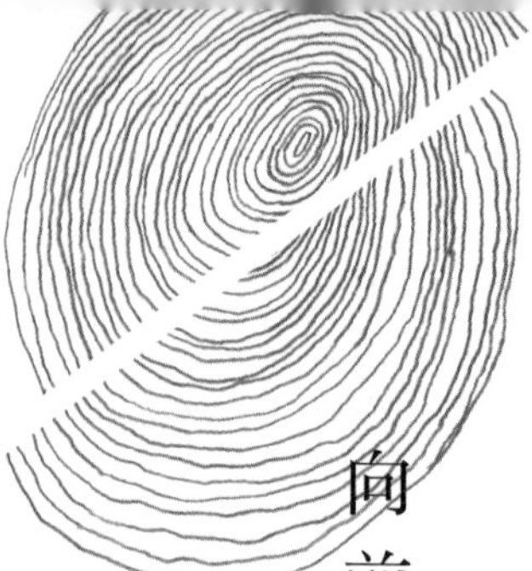

# 向前行

凡許久未回臺灣的人，對故鄉的第一個印象往往是：負面能量太大了。故鄉，本來是每一個人出發的地方，也是無論足跡落腳何處，永遠最大的心靈力量來源。但不知何時起，臺灣的風景慢慢變了，空氣又憤怒又茫然；回台的人仍熟悉往日回憶，卻已陌生幾乎無處不在的負面能量。

每日打開報紙或電視，多數不再是一場學習，而是心靜者的修行，或憤怒者發洩的共鳴。

「流行憤怒」，是一種惡趣味。根據哈佛大學的研究，人類本能對「憤怒」比「喜樂」記憶強烈。於是「金馬五〇」感動才稍稍維持了一兩天，接著便「陳松勇藏高粱喝酒」、「甄珍要離婚」或者「捏造李安尖銳批判大陸及臺灣導演跟不上市場，莫名其妙」。

兩個角度：人的確容易選擇負面之事關注，進而造成人生的不快樂；其次媒體爲「抓住」觀眾，「市場」考量下，頭版總是聳動的標題，傷人的報導，與低俗誇張的不實。這形同一個漩渦生產線，從個人心理偏見↓媒體↓變成集體現象。

但我必須說這些負面現象即使存在，也只是臺灣的一部分，它絕非全部。是我們自身的負面傾向，把自己包裹於逃不出的「負文化蠶繭」中。愈高亢的聲音，愈被注視；但它往往虛空甚且虛假。悲哀的是，竟然這麼多人上癮於這種聲調。

「金馬五〇」我最感動的是林強爲大陸導演賈樟柯《天注定》電影配樂得獎那一剎那。一九九〇年林強〈向前行〉帶動臺灣流行搖滾熱潮，也改變了台語歌曲年輕化。林強在臺北火車站拍攝的MV，「喔！再會吧！……啥物攏不驚！」那時稚嫩、自信的林強標誌了一個時代。然後四十九歲了，其間他沉隱、他被遺忘、但從不放棄音樂夢，摸索二十三年再站上舞台。當評委唸出最佳配樂入圍名單時，僅僅不到十秒，《天注定》的配樂即明顯地突出所有作品，當刻我正於電視台工作，未宣布結果之前，算耳尖的我即大喊《天注定》，直到林強上台，我才發現這位配樂得獎人，正是當年帶著臺灣〈向前行〉的林強。他致詞，說了一段話：「請給社會少一點批評，多一點鼓勵。」

我的心澎湃如一九九〇，回到第一次聽〈向前行〉時的青春昂揚。

我理解這二十年來，社會如何從「向前走」轉向為

金馬五〇林強致詞，說了一段話：「請給社會少一點批評，多一點鼓勵」。臺灣有陰影，但它不是全部；暫時拋開絆住你的陰影，請記得有些人還在島嶼上「向前行」。（圖片來源：CFP 提供）

「憤怒走」；我們的民主體制漸漸失去靈魂，政府失能現象一代傳一代，一黨換一黨；在世界政治早已沒有地圖的我們，也迅速地從世界經濟中失去顏色。

年輕人看不到未來……。

可是請記住我們只有一個故鄉。政客可以拋棄我們，我們不該拋棄自己。

柯文昌董事長以個人資金默默投入「臺灣好基金會」，台達電以最大筆三千萬資金促成齊柏林空拍《看見臺灣》。「金馬五〇」典禮上蔡康永回憶政治仍干預一九九〇年金馬獎，侯孝賢《悲情城市》因劇情談論二二八，因此無法獲得最佳劇情片獎。而二十三年過去了，「金馬」已成爲華人電影最具公信力的電影展；政治力永遠地離開了。

臺灣有陰影，但它不是全部；暫時拋開絆住你的陰影，請記得有些人還在島嶼上「向前行」。

跟著他們的腳步吧。

# 表參道上遇見鳳梨酥

表參道，象徵日本進入二十一世紀經濟標的；這裡有安藤忠雄的混凝土建築冷峻沉默，妹島和世的玻璃方盒絕塵般參悟人世；喧鬧的華麗衣著人群走過，靜靜的一棵老樹，無動於衷。這是東京的核心地帶，交錯各種文化情緒，轉個角，三丁目巷內，「微熱山丘」以原木交錯的建築，佇立於此。創辦人許銘仁找來日本建築大師隈研吾，爲它取了一個名字「城市中的森林」。

這當然太不容易了。二〇〇八年金融海嘯衝擊全球每一個角落每一個產業，人人都有嘆息、抱怨時代的權利。原本是上櫃電子公司的許老闆回到南投老家，看到弟弟和堂弟兩個人生迷茫的後輩想創業賣銅鑼燒，他決定支持，但不用一般的格局及方法。引導許銘仁走入鳳梨酥的念頭，不是看到全台已風行的陸客鳳梨酥伴手禮，而是老家三合院旁的鳳梨田。他從小在田裡奔跑長大，看著田埂有的荒蕪，有的鳳梨種了卻賣不出去；「回饋故里」的念頭升起，他想著每天爲官者說的「照顧農民」，這裡是他的故鄉，何不從此做起。

於是許銘仁和附近農夫們約定好「契作」，無論市場價格如何波動，以保證價格收購土鳳梨。曾經在國際電子市場打過仗的許銘仁，有幾個格局創造了今日「微熱山丘」傳奇：第一，包裝線必須完美。切割機器從日本進口，那怕機器成本是台產的十倍；第二，奉茶送鳳梨酥。老家三合院正是八卦山自行車道，他搭了一個最簡單的遮陽傘，以最古老的人情禮俗，免費「奉茶」再送一塊鳳梨酥招待「路過的客人」，「結好緣分就會帶來好生意」；而非選擇年輕人流行的網路行銷、廉價殺價的販售模式；第三，不在臺灣和自己人搶市場。微熱山丘創立兩年後已於新加坡最高檔的萊佛士酒店（Raffles Hotel）開分店，接著上海「外灘源」，去年底十二月二十日東京表參道開幕。

許老闆的三個決策，一是追求完美；二是所謂的創意行銷，以結緣開始；三是罕見的國際格局。三個決策，從此定天下。

臺灣製造業機械設備多半自日本進口。過往亞洲生產製造鏈中，臺灣扮演的是中間的角色，昂貴進口日本機械→臺灣生產製造→中國大陸廉價勞工組裝→銷售美國或歐洲市場。「微熱山丘」只延續了前半段，扭轉了後半；這一回臺灣人要榮登日本，而且直攻東京心臟表參道。

一百五十棵與伊勢神宮相同的最高級檜木，以六公分平方立體組裝，每一個格子都是光與影的交錯，也是臺灣與日本歷史的倒影回顧。「微熱山丘」表參道分店奉茶及吃食鳳梨酥的食室，除了原木，多了些紅色的器皿，那是古老臺灣的記憶。鳳梨酥，尤其土鳳梨酥是源於臺灣本地的年節賀禮，不是唐山過海，不是日本殖民留下的遺物。古老臺灣移民史中，但求平安，明年農收可以興旺；因此凡節慶凡禮品，皆環繞著開拓史中的淒涼與堅韌。鳳梨，福佬話音「旺來」，吉利、興旺，先民年節的願望很簡單，有時往往是奢求；於是加點甜味，做成糕餅，告訴自己相信「未來日子會好些吧」。

回饋、格局、膽識、緣分，以及「沒有向時代投降」，「沒有因爲我們是台灣人，不敢跨入曾經殖民我

創辦人許銘仁找來日本建築大師隈研吾設計表參道的「微熱山丘」，為它取了一個名字「城市中的森林」。每一個格子都是光與影的交錯，也是臺灣與日本歷史的倒影回顧。（圖片來源：陳文茜提供）

鳳梨，福佬話音「旺來」，吉利、興旺，先民年節的願望很簡單，有時往往是奢求；於是加點甜味，做成糕餅，告訴自己相信「未來日子會好些吧」。（圖片來源：陳文茜提供）

們的日本」。許老闆的「微熱山丘」傳誦了許久，有些是西方MBA會教你的課程，可是「回饋」、「結緣」、「膽識」那才是微熱山丘的核心價值；那是你在冰冷現實的「行銷術」裡學不到的。

再怎麼壞的時代，再怎麼混亂的社會，也會有某一個角落，某一個「有情人」，爲我們述說一個照亮世界的故事。

表參道上，你遇見的豈止是一塊五十公克的鳳梨酥。

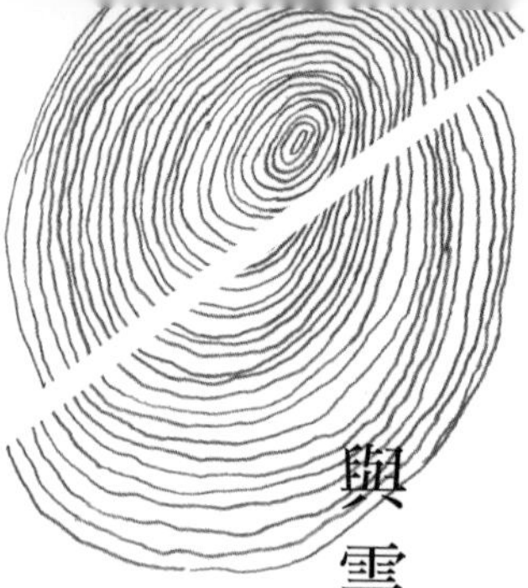

# 與雲共舞

當池上的雲朵躺於山腳下時，它重塑也震碎了我們慣性的思考；雲朵不一定飄於天空，面對美麗的池上，它可以選擇親吻山腳，親吻稻穗；在雲朵的低語中，我們明白大自然如此珍貴。

終於理解爲何林懷民選擇池上做爲雲門創辦四十年公演的地點。「雲門」正如池上的雲，無論舞劇多美，多麼名滿全球，林懷民知道所謂藝術必須貼近大自然，回到民間，永不忘記鄉親泥土的味道。

臺東池上如一塊遺世獨立的珍土，山環繞、稻浪飄舞、雲朵相襯。這裡種田的人知道自己擁有的不是一塊生產「基地」，它是生命態度。衆鄉親要求下，台電同意電線桿地下化，於是天、山、雲、稻彼此擁抱，誰沒阻絕不了誰。走遍世界，成爲全球最著名的舞團之一，林懷民沒有選擇紐約林肯中心、倫敦芭蕾舞劇院舉辦四十年公演……他回到臺灣最東方的小鄉鎮池上，與雲共舞。林懷民決定與雲門舞者共同向池上的雲朵學習，讓自己回到最低的姿態，讓舞者的腳踩得更低，舞步更美，保持最初撼動我們靈魂深處的「雲門」精神。

四十年來雲門之路始終坎坷，正如林懷民父親的告誡，「選擇藝術，等於選擇安貧」。為了兩天公演，雲門大膽選擇於池上稻田搭舞台；山為背，雲為景，稻浪為襯。十一月早已是秋收時節，為了這場公演池上動員起來，柯文昌董事長創辦的「臺灣好基金會」打前鋒，執行長徐璐卸下城市喧嘩家家拜訪；當地梁姓大老特別熱心，告訴鄉親為了成全這件大事，留下稻禾別收割；一些不同意的少數農友，熱心人士自掏十萬多臺幣勸

臺灣好基金會與池上大老梁先生促成了池上稻穗音樂節。當天在稻田裡擺放平台鋼琴，吸引數百名民眾前來欣賞。（圖片來源：賴永松老師提供）

說。然後舞者在太陽的炙烤下，排練近一週。

公演當日，突然飄來颱風環流，大雨滂沱。臺北至臺東飛機先盤旋後折返臺北，無法降落。池上從炙熱的太陽轉變了風景，雨水毫不留情地打下；林懷民想了一下過去四十年的日子，堅持如時開演；他要對當地的鄉親守然諾，不是臺北的客人才叫客人。排演多日爲池上特別編排的「稻禾」無法演出，先上場「水月」，雨勢太大了，舞者腳踩泥濘，舞衫濕透。林懷民看了不忍，現場觀眾只穿雨衣，只有最後一排打傘，台上台下全濕透了，無人離開。

是天公垂淚？還是另一次考驗？中場休息，林懷民看著僵凍的舞者肉身，忍不住叫停；舞者卻答：「老師，我們可以。」

林懷民知道所謂藝術必須貼近大自然，回到民間，永不忘記鄉親泥土的味道。（圖片來源：陳文茜提供）

於是有如傳奇，臺東少見的大雨，稻浪瘋狂地擺動，稻穗也垂淚低頭，雲躺地更低了，而田中央大提琴樂聲揚起，舞者繼續跳起「流浪者之歌」。雲在流浪，雨在流浪，觀者的靈魂也在流浪。

夜間「臺灣好基金會」辦桌宴請池上父老，疲倦力竭的林懷民仍依計畫出席，他記住每一個協助的農民，一個一個叫出他們的名字。「文茜世界周報」記者在旁一邊錄製，一邊感動哭了。林懷民拍拍年輕人肩膀，告訴他：世間就這麼回事。

落雨直至第二天公演前才結束。從大太陽、落雨、陰霾、慢慢露出一點陽光，最終完美演出向池上致敬的「稻禾」。散場時池上一百三十名義工，很多是小朋友，協助觀眾離場。天空的雲散了一半，藍藍的天露出陽光笑容，唯獨那一排站在山腳下的雲仍未散去。

生命必須有裂縫，陽光才能照進來。

生命必須躺得夠低，才明白世間的美。

誰曰「臺灣」不「好」？想要她好的人，她會很好，很好。

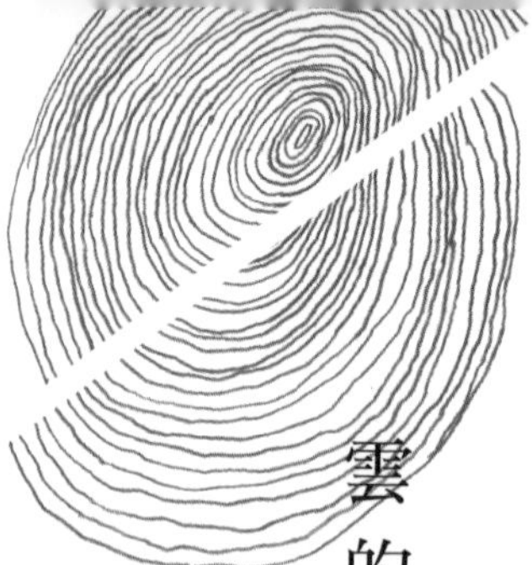

# 雲的故鄉



你離美好的記憶有多遠？

年末，在「臺灣好基金會」安排下，於池上度假寫作，這裡沒有「看見臺灣」的哀愁，只有「看見臺灣」的美麗。抵達池上之前，從飛機窗口往下探，深暗的藍色海水帶著憂鬱氣息，但一抵達池上，氣氛立刻變了。雲仍如一個月前雲門轟動演出時一般，懶懶地、美美地躺在山腳下。雲朵們不問貴客是否離去，也未閒棄已然收割禿黃的稻田，一抹又一抹、如醉如痴，不同高度、不同形狀，裝置著平地拔起的山脈。

白雲既賜予雄偉山形一點溫柔，也想賜予良善鄉民無言的祝福。

池上的人們的確值得白雲陪伴。這裡的花園本來種植的幾乎全是熱帶植物，沒由來卻盼得寒潮冷風，重瓣池上美好的「私房小餐廳」，日式炭爐的火跳躍著，主人相信鐵壺碳爐燒水的古法，才能沖泡好茶。而此地以法式台式混合池上米，成為獨樹一格的私房料理。（圖片來源：陳文茜提供）

的扶桑如約綻開，花邊已然凍僵。一些度假村或民宿陽台皆置懶人亭，讓遊客忘情看山見雲。這幾天懶人亭窗簾飛舞，迎來最大的客人叫「冬季」。

遊客稀落許多，店家卻如約等待；忠實地等著某些故人一定歸來。走入一家迪化街後代移居此地的「私房小餐廳」，日式炭爐的火跳躍著，煮著一壺臺北已不多見的鐵壺；主人相信鐵壺碳爐燒水的古法，才能沖泡好茶。主人年約四十，帶著一家移居此地，以法式台式混合池上米，成爲獨樹一格的私房料理。小孩一會兒和客人聊天打趣，一會兒和媽媽廚房聊天。一個在田野邊看著山望著雲長大的孩子，有著與臺北孩子們不同的開朗表情；那不是驕縱，而是無憂無慮無壓抑的天真。多麼幸運，她不用過著水泥叢林間遊走小生命的日子，不用體會「爸媽不在家」的人生，而泥土稻香是她成長的味道。

池上小街一家已開了五十年的老書店，負責人曹小姐不問世事如何變遷，堅持老書店模樣。老書店除了泡著好茶好咖啡外，還賣著早已於臺北書店消失的老書。我特地買下梁實秋翻譯中英對照的《馬克白》、《羅密歐與茱麗葉》。莎士比亞一六〇六年的著作，一九九九年梁實秋翻譯三版；《馬克白》曾被稱為超越一切的悲劇，劇作揭露「罪惡」、「貪婪」的可怕，一旦它掌握人的靈魂，人的本質即變質得難以想像，最終貪婪罪惡成為一種巫術，徹底擄獲人們。

池上的居民閱讀《馬克白》的應該不會太多，但他們早已選擇遠離貪婪，不用擔心靈魂的空洞。這裡的稻田，任何一個角度拍攝，都是張好照片。池上產出的米，東部各地爭相模倣；但名氣可以移用，誠懇卻必須踏實學習。池上大老梁先生是改造池上的大功臣，「臺灣好基金會」執行長徐璐空降此地，第一個展開雙臂歡迎藝術家、作家進駐，是梁先生；第一個帶動池上「有機耕種」、「有機認證」觀念的，也是梁先生；林懷民「雲門四十週年」、「稻禾」演出，選擇池上稻浪大地公演，說服居民晚一些收成，掏錢補償保留稻浪之美的，也是梁先生。

而梁先生相陪我們數小時，偶爾笑，偶爾輕聲短語表達意見。這年頭，是否聲音愈大的，其實內心愈虛空？那些踏踏實實活著的人，反而輕聲細語活出自在。

又近年末，這一年來你的人生是否曲曲折折，風雨

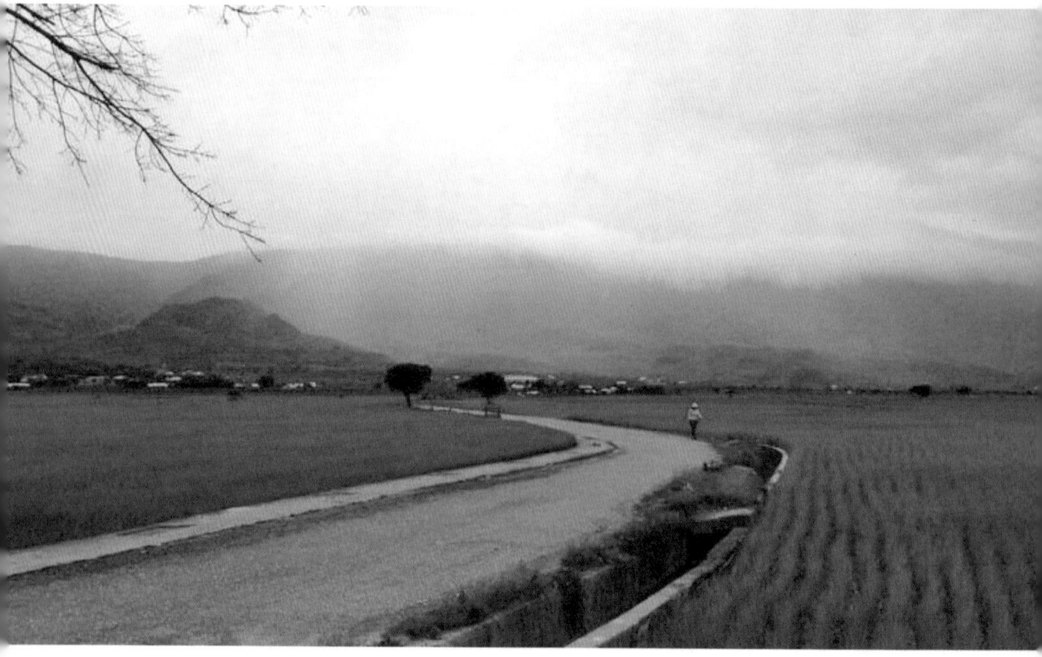

有多久，你未曾於田野中奔放？釋放自己，忘情大地？來一趟池上。它讓你有回家的感覺。（圖片來源：陳文茜提供）

交遞？有多久，你未曾於田野中奔放？釋放自己，忘情大地？來一趟池上。它讓你有回家的感覺。

# 接棒的後人 慚愧啊

典範需要歷經時間，慢慢、慢慢沉澱。

參加孫運璿先生百歲冥誕，達官來的不多，前副總統蕭萬長、臺北市長郝龍斌……；聽到的故事卻很多。幾位台電老部屬吃中飯時抓著我急促地談起陳年往事，深怕等他們也過去時，社會徹底遺忘了孫先生的功績。一位八十八歲的老工程師，特別自美國趕回，只爲了向敬愛的老長官鞠個躬。談起孫運璿的清廉，他一把鼻涕一把眼淚。好不容易熬到交通部長職位，特支費全分給貧寒的部屬交子女學雜費，當年台電開放老員工認購宿舍，孫運璿在台電從接收監理委員當到總經理共十八年，當然有資格配置。老部屬知道他曾爲了家窮，到非洲奈及利亞主持電力開發計畫賺美金，特別到交通部奔告此事。孫運璿一口回絕，「我已當到部長，有官配宿舍，何必和年輕人搶？」老部屬再勸他，這可是有產權的宿舍和官配不同，可以留給孩子們；孫運璿聽了不但不感激，還揮手略帶責備：「我的孩子對台電沒半點貢獻，他們憑什麼分宿舍？」

許多人可能不知道孫運璿三十二歲就來了臺灣，他出生一九一三年，一九四五年十二月奉派來台參加電力公司接收工作。初期只是個電力監理委員，日本人八月投降，一九四五年底撤走時，揚言臺灣三個月內電力將一片黑暗，日本人電力技術不留下，電力零件全帶走。

孫運璿臨危受命，轉個腦筋把各地工業學校還沒畢業但訓練底子差不多的學生全徵召至台電，五個月內恢復八成供電。孫運璿百歲冥誕當天，我碰到一位孫家世交，一九四七年二二八剛發生時，孫運璿一度成爲少數本省人欲毆打的對象，他逃到台電本省同事家中躲藏；等國民黨二十一師軍隊到臺灣開始「清鄉」時，換孫運璿保護他們一家。「台電沒有省籍觀念」，這位孫家的世交第二代如此敘述，孫運璿歷經二二八前後不同階段的暴力；因此一生在台電、部長、院長任內，「用人唯才」，不考慮省籍。

《天下雜誌》發行人殷允芃回憶一九七八年美國和中華民國斷交、臺灣政治孤立、經濟卻起飛的關鍵年代，「採訪孫運璿、李國鼎、趙耀東……很過癮；三個人風格不同，但都立下了典範，也因此把臺灣從國難邊緣轉身爲經濟奇蹟起飛。」

聽孫運璿的故事，如今聽來卻像神話；因爲我們的當下政壇不是太自私、就是太目光如豆、太貪婪。

關於孫運璿清廉的故事，聽愈多，愈傷心。孫運璿不是民主的信仰者，但他卻以畢生精力奉獻國家，退休時兩袖清風退休金一百二十萬，房產：無。（圖片來源：財團法人孫運璿學術基金會提供）

一九五〇年孫來台六年後，家鄉逃來一堆難民，如同許多外省家庭，一個小小的房子塞滿逃難的親友。孫運璿即使有份薪水，過個年也捉襟見肘。也是今年百歲冥誕，一個老先生向我「自首」他如何「欺騙」孫家，孫夫人沒辦法了，便託他典當一只戒指，他騙了孫夫人，自己拿了台電年終獎金交給孫夫人。隔了幾年，孫夫人想贖回，他始終沒告訴她真相，算了極少的利息把戒指交回。孫運璿夫人看著戒指，口中唸著：「媽媽，媽媽……您回來了。」眼中盡是淚；那是已相隔兩地的母親留給她唯一的紀念……

關於孫運璿清廉的故事，聽愈多，愈傷心。孫運璿不是民主的信仰者，但他卻以畢生精力奉獻國家，退休時兩袖清風退休金一百二十萬，房產：無。而那個年代他從台電處長到總經理，一幹近十八年；去了非洲回來，歷經交通部長、經濟部長，共近三十年不同部會歷練，蔣經國才提名他出任行政院長；院長共任期六年，直至他腦幹中風倒下。他和當時領導國家的蔣經國，沒有人把政治職位當跳棋遊戲，求才若渴，辦事如旋風，栽培接班者按部就班。相照今日，我們可以提名一位政治資歷近一張白紙者出任行政院長，五年換四個行政院長……領導國家的人把職位授予當酬庸、當兒戲、當跳棋遊戲……

孫運璿總共當了九年經濟部長，六年行政院長。他曾手握數千億資源，但不收禮、不應酬、也不剪綵、不題字，企業往來只談大政策不單獨與個別公司負責人會面。他的祕書回憶院長任內每年監察院財產申報，除了少數積蓄外，房子、車子、古董……一律填「以下空白」。

而百歲冥誕那天，我們見到傳聞開啓臺灣「半導體」的那場著名「豆漿早餐會」的出資者。花白頭髮，人站得挺挺，於孫運璿百歲冥誕標誌前拍照；他拍著胸脯驕傲地說那個早上數十人，他支付了「六百元」臺幣……然後創造豈止六十兆屬於「國家」的科技資產。

衆人念起往事，我舉杯向孫運璿大女兒孫璐西教授致敬，她客氣地回：「感謝那個時代，爸爸才能做事……」

杯酒交觥間，相較年輕的我，墜入了沉思。

接棒的後人，慚愧啊！

接棒的後人慚愧啊

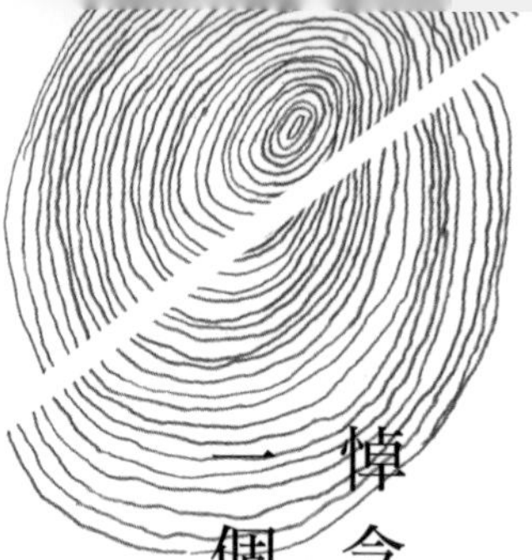

# 悼念一個時代

李泰祥的凋謝，不只是個人，也代表一個時代。

一九七〇年代，一條日光大道，貧窮的臺灣迎來一群戰後成長的作家與藝術家；他們口袋空空，腦袋卻裝滿了夢想。

一條日光大道，奔走著三毛，上路了李泰祥、馬水龍、史惟亮、林懷民、蔣勳、李雙澤……。他們遠離戰爭，但戰爭好似如影隨形；一九七二中華民國喪失聯合國席次，一九七五蔣介石去世，一九七八美國正式承認中華人民共和國，與臺灣斷交。

雨季隨時伴著島嶼，但天真的他們被飽飽的夢包圍；來不及憂鬱，他們夢想著流浪，夢想著寬闊的草原，夢想如天空飛翔的小鳥，如山間輕流的小溪。戒嚴體制關不住他們的靈魂，他們從巴黎、美國、西方古典音樂、披頭四的浪潮中爬出來；他們要爲自己的時代打造一條日光大道。

那個時代已離當下許多人太遠。七〇年代臺灣政府不允許觀光簽證，除非商務或留學出國，每個人皆如籠中之鳥被關於島嶼。但國家體制關得住人的軀體，關不住人的心靈。年輕的他們嚮往著世界波濤洶湧的吶喊；同時也纏綿於故鄉泥土的情感。於是「不用問我從哪裡來」，「我醉了，我的愛人」，日光大道上走著一批不知天高地厚的傢伙，他們眼睛裡皆有兩個自我，一個在遠方，一個在此地。

林懷民追憶那個時代，常常一群人小聚，窗外即錯覺這一小撮人即足以改變時代。其中李泰祥第一回一個阿美族的音樂家開發表會，那是個冬季，他窮到沒有錢買西裝，除了少數人之外，沒有人知道他是誰。李泰祥向朋友借來一套夏天的西裝；冷冷的風，台上的李泰祥演奏著自己的作品，時而淡愁低吟，時而豪情奔放；風是冷的，他手間的音符是熱情的。

李泰祥後來因緣際會一腳跨界踏進流行音樂，他以交響樂般的作曲風格，烘托三毛的詞、羅青的詩；從此改變了臺灣的流行曲風。在此之前，李雙澤已發起「唱自己的歌」運動，但民歌只停留校園尚未眞正打入主流。「三台」主導的音樂市場仍充斥著日本東洋風翻唱風，直至〈橄欖樹〉、〈歡顏〉……如星辰般出現。自此羅大佑、梁弘志、陳志遠、李宗盛……臺灣不只「唱起自己的歌」，甚至到二〇〇〇年前仍穩坐華語音樂中心。

一九八八年李泰祥四十八歲得了帕金森症，許景淳雨季隨時伴著島嶼，但天真的七〇年代文青，他們被飽飽的夢包圍；來不及憂鬱，他們夢想著流浪，夢想著寬闊的草原，夢想如天空飛翔的小鳥，如山間輕流的小溪。戒嚴體制關不住他們的靈魂，他們從巴黎、美國、西方古典音樂、披頭四的浪潮中爬出來；他們要為自己的時代打造一條日光大道。圖中長髮者為三毛。（圖片來源：聯合知識提供）

回憶那是一段不歸路。在此之前約莫九年，自〈橄欖樹〉大紅後，李泰祥每年均舉辦「展望與回顧」音樂會，自己彈奏鋼琴或者指揮。他才四十幾歲，人生充滿了對未來長路的憧憬。爲許景淳製作《眞想要飛》專輯時，李泰祥堅持交響樂配樂，爲了節省經費兩人至上海灌製唱片，指揮時李泰祥發現自己的手是抖的……那一刻「歡顏」第一回離開了他的臉龐，這個山裡長大的孩子，從來不知什麼是憂愁，但那一刻他知道作爲一名彈奏者、指揮家……他的處境只比耳聾的貝多芬好一些。

悲劇開始於日光大道上蔓延，三毛一九九一年憂鬱症自殺，李泰祥必須克服極大的困難才能作曲。他們曾照亮了一個時代，以自己的體溫；然後在那個時代正燈火輝煌的某個夜裡，他們共同航向了寂寞，航向了離去，航向了貧困。

人生從此是淡淡哀愁，往事如幻又如眞，縱有笑語只能輕聲擺於回憶中。民國一百年元旦當天升旗前「國歌」，是李泰祥留給臺灣的最後禮物。他受文建會主委盛治仁之託找了八個交響樂團，重新編奏許多人懷念的「國歌」。但他的電腦已過於陳舊，許景淳曾找我幫忙，我想把家裡 Mac 電腦給他，但仍不符合他要求的規格。於是當馬英九聽聞李泰祥罹癌且因治療帕金森症積欠上百萬醫療費探望他時，他什麼都沒要，只渴望一台足夠規格的「電腦」，幫他完成「最後的譜曲」。

曾經開創時代的音樂家，最後因罹患甲狀腺癌臨終前長達一年不能開口說話，發不出任何一個音符。他的晚年靠著慈濟、郭台銘夫人及殷正洋……最終無聲地告別了所有他愛與愛他的人。

而世間直至他終於離世，才又想起了他；想起那個曾經深深以音符影響我們青春的一代人物。

「天上的星星為何像人群一樣擁擠？地上的人們為何又像星星一樣疏遠？」李泰祥過世當夜我聽見那一代的人，同聲問，問活著的我們。

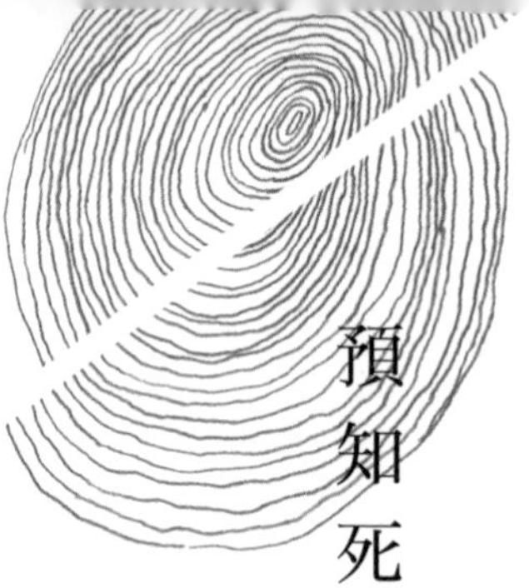

# 預知死亡紀事

一九九九年馬奎斯罹患淋巴癌，他預告了自己的死亡紀事，「如果我有一顆心，我會將仇恨寫在冰上，然後期待太陽昇起；如果我有一段生命，我不會放過哪怕其中的一天，對我愛的人說：我愛他們」。

二十世紀最偉大的拉丁美洲作家加西亞·馬奎斯四月十七日於墨西哥家中去世，享年八十七歲。他的代表作最著名爲《百年孤寂》，其他包括《霍亂時期的愛情》、《預知死亡紀事》（若以拉丁文直譯爲：一樁事先張揚的謀殺案）……等。

中年四十歲左右的他，本來預期人生該是一趟孤獨的旅行；但走向老年生命終點前十五年左右，他難得留下暖暖的文字給讀者：「活著是爲了講述生活」、「每個人都會死亡兩次，一次是停止呼吸，一次是最後一個叫出他名字的人也死了。」、「如果我有一顆心，我會將仇恨寫在冰上，然後期待太陽昇起……」

因此他還沒有死去，按照馬奎斯自己的定義。雖然小說中挺傳神的得霍亂般的「臺灣孤島」，主流媒體均未刊登他的死訊；但美聯社、CNN、BBC、半島電視台、路透社、NHK、大陸央視、新浪微博……，皆以專題報導他的離世。那麼多人都還叫著他的名字，儘管二〇〇六年一月他已宣布封筆，他的死亡紀事只完成了第一段旅程，第二段可能永遠也不會抵達終點。哥倫比亞總統桑托斯如此哀悼這位曾經數度被哥倫比亞前政府查封創作並逼迫流亡的偉大作家：「馬奎斯的去世給哥倫比亞留下了一千年的孤獨和哀傷。」

馬奎斯最著名的作品《百年孤寂》，也是讓他獲一九八二年諾貝爾文學獎的偉大小說，以虛構的「馬孔多小鎮」興衰，隱喻拉丁美洲百年滄桑。那一年他才四十歲，卻已感覺人生的蒼老；他本是記者，因揭露政府掩蓋的海難事件被迫離開哥倫比亞，之後任職的報社又被哥國政府查封，於是又被迫流亡歐洲；接著一邊寫小說，一邊爲通訊社撰稿，遊走古巴，偶爾紐約。三十四至四十歲《百年孤寂》問世前，和妻兒居住墨西哥，身兼記者、公關代理人（可見生活多麼艱難）及電影腳本三個工作謀生……但他人生始終沒有放棄寫作。《百年孤寂》問世之前，他已完成《第三次辭世》（二十歲）、《枯枝敗葉》（二十八歲）、《沒有人給他寫信的上校》（三十一歲）、《寶石般的眼睛》、《惡時辰》、《格蘭德大娘的葬禮》（三十五歲）……共六部作品。

對於死亡他準備了那麼久，對於孤寂他體會得那麼早；和他預言相反的是：他終究從孤寂又走向繁華，一切都在時間洪流中不可預知。活著是虛幻，死亡只是虛幻的結束。（圖片來源：達志影像提供）

一個二戰前出生拉丁美洲的孩子，眼看著世界秩序的崩解、重組……世界戰爭中所謂的「勝利」，沒有拉丁美洲的位置。美國以帝國之姿，蹂躪拉美、扶植軍政府、默許暗殺……他只是揭露了一個與「海難」有關的謊言，便被殘忍地丟到國際迷宮中，從此他失去了故鄉，也成了自己筆下落難的海員。一九五九年他還參加古巴革命勝利慶典，在切．格拉瓦主持的拉丁通訊社短暫工作兩年，然後失望地再離開。

中年的他是一個孤魂，漂泊於價值混亂找不到「依身小鎮」的世紀；正確地說，他已經準備死亡很久了，苦苦的從四十歲準備到了八十七歲。「死耗子！」、「在這裡鮮花會生鏽，鹽巴會腐爛」、「生命中曾經有過的所有燦爛，原來終究都需要用寂寞償還」、「一個幸福晚年的祕訣不是別的，而是與孤寂簽訂一個體面的協定」、「過去都是假的，回憶是一條沒有歸途的路，以往一切的春天已無法復原：即使最狂亂且堅韌的愛情，歸根究柢不過是一種瞬間即逝的現實。」

「世間唯孤獨永恆。」

四十歲，看盡軍閥混亂的拉美，讀透冷戰時期被舉世遺棄的拉美知識界，馬奎斯只能以號稱「魔幻寫實」的筆，寫下那一大家子拉美人的命運：「這個家第一個人正被綁在樹上，最後一個人正在被螞蟻吞噬……」他的每一部著作皆與「死亡」脫離不了關係。對他而言，死亡不是因爲衰老，而是遺忘。

許多人以爲《百年孤寂》出版時，馬奎斯四十歲，他魔術般毀滅的文筆，立刻使此書暢銷，翻成多種文字，贏得各項獎金，從此使他成爲專職作家。實情是這個未老先衰的作家，閉關了足足十四個月，期間沒有分文收入，用盡僅有一點小存款。小說完成，爲了將稿子寄到布宜諾斯艾利斯，連郵寄費皆籌不出，他只好孤注一擲把家中僅剩的三樣值「小錢」的東西典當換郵寄費；吹風機、果汁機和電暖爐，然後世人才有機會閱讀這部曠世巨著。

對於死亡他準備了那麼久，對於孤寂他體會得那麼早；和他預言相反的是：他終究從孤寂又走向繁華，一切都在時間洪流中不可預知。活著是虛幻，死亡只是虛幻的結束。

而這場死亡紀事雖預告了近半世紀，直至他的生命眞的接近盡頭時，與小說的撰寫不同，馬奎斯留下暖暖的話語：「如果有一剎那，上帝忘記我是一只布偶，並賦予我片刻生命……我依舊是當初那麼火熱乾燥的城市……只要你仍記得我的名字。」

今日午後，陽光溫暖，我曬起了被單，風高高揚起，它未隨風而逝，倒是陽光無情的依時落下。

這世間的人都太孤獨了，上帝會告訴馬奎斯我們無法忘記他，許多人、許多事未必會如「馬孔多小鎮」被刮走。

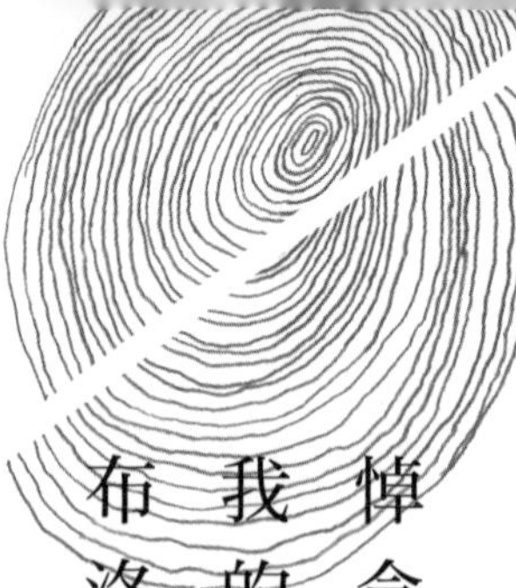

# 悼念我的偶像布洛克

「親愛的爸爸，告訴我，歷史有什麼用？」

這句話是年鑑學派創始人布洛克（Marc Bloch）在其史學經典作品《史家的技藝》（*The Historian's craft*）導言第一句首語；也是他英雄式般人生死亡，畢生追尋不可得的疑問。布洛克生於一八八六年，歿於一九四四年。法國兩次大戰，他都投入戰場。那是歐洲歷史崩垮的一代，歷史一再出賣人類，深陷泥沼的史學家只能改以槍桿，而不是筆桿，回答一個天真小孩對歷史率真的疑問。一次大戰時布洛克還算年輕，出生入死，那一次的戰爭他倖存了；歷史也暫時找到了答案；布洛克回到史特拉斯堡大學教授中古史。十七年無戰事期間，法國從戰敗德國獲得不合理天文數字的賠償金額，戰後很快地復甦。有一個與布洛克終身擦身而過的天才設計師，

Co Co Chanel藉由法國短暫的「美好時光」奠定了她一整個世紀的榮耀。而悲劇正在法國以外地區蔓延，一九一八年戰敗後，德國困頓不堪。歐洲版圖重新劃分，舊俄沙皇、哈布斯王朝、鄂圖曼三帝國均告瓦解。美國總統威爾遜依他率眞的「民族自決」原則，將這些區域劃成好幾個國家；從此柔腸寸斷的歐洲衝突綿延持續至九〇年代。一次戰後協定的《凡爾賽和約》之孽，孽及世界竟至少近七十年。前奧國的斯洛維尼亞、前匈牙利的克羅埃西亞，還有一些小牧民國家與塞爾維亞，依美國主張湊成了南斯拉夫。一九九〇年代巴爾幹之屠殺、科索沃之戰事，皆肇因威爾遜之天眞與胡鬧。因此若要問歷史有什麼用？在巴爾幹這塊土地上，歷史是劊子手。

歷史同時也是出賣者。布洛克於一戰結束後重拾學術工作，一股腦投入「中古史」研究。一九三七年大蕭條已持續八年，美國國會以爲景氣好了，「新政」該結束了，決定緊縮赤字平衡預算；結果全球再度陷入二次衰退。一九三七年華爾街再度崩盤那一次，沒聽說什麼人跳樓，只知道希特勒決定揮軍波蘭，日本大軍直搗上海；二次大戰砲響起，歐亞死傷數千萬人。此時的布洛克放下學術工作，以五十三歲高齡，等於我現在的年紀，投入前線作戰。法國戰敗前夕，他一方面含淚寫下《不可思議之潰敗》（*L'étrange défaite*），一方面相問他的同袍：「歷史是不是出賣了我們？」布洛克既是反納粹的著名史學家又是猶太人，他有一切的理由離開法國；但他沒有選擇這麼做。我二十八歲第一次閱讀布洛克作品與人生時，即驚懼於他的執著與勇敢。我身邊的美國朋友迷戀的偶像總是古巴革命英雄切．格瓦拉，一窩蜂的，像今日陶醉Lady Gaga。我從年輕起始心目中的偶像，至今仍是布洛克。一九四三年德軍南下控制全法，布洛克選擇加入地下反抗軍；一個五十三歲的國際史學家，多麼不可思議！一九四四年春天布洛克被捕，獄中他受盡酷刑；六月盟軍已登陸諾曼地，但一代史學家等不到納粹全然潰決，一九四四年六月十六日布洛克在里昂被槍決。臨刑前站在布洛克身旁，一位年僅十六歲的少年顫抖著，低聲問他：「會痛嗎？」布洛克伸出手，攬著他的肩膀，輕聲地說：「不會的，一點也不痛。」

我在美國新社會學院研究所（New School）讀書時，

老師幾乎都是歐洲年鑑學派，也多是猶太人。說起布洛克的故事，沒有人只在上課，也沒有人僅僅是在授課。布洛克與死前徬徨的十六歲青年對話，好似站在我們的眼前。錯覺之間，我們也親臨了刑場，聽聞那一段低聲的最後道別。「會痛嗎？」、「不會的，一點也不痛。」

當天上完課，依例搭地鐵回布魯克林的家。地鐵列車一站一站停留，像歷史的短暫停格，然後載著乘客前往知名或不知名的下一站。每一次停留，都只是片刻；每一個啟動，都是新的拋棄。列車速度把紐約地下鐵道滿牆的塗鴉，成了動畫，它動了，於是最誇張、最殘暴的圖樣以飛快的速度在我的眼前演出，但還來不及辨識，剎那間我又已失去了它們。

地鐵，重回黑暗。

歷史不是有什麼用，而是它總出其不意地來，然後無聲無息窒息般地壟罩著你；歷史是一個永不斷絕的複製品。我在New School求學時閱讀布洛克那一代歷經的經濟大恐慌歷史，以為只是進入了六十年前的往事；從來沒有想到那些數字的點點滴滴，在二〇〇八年之後，再度成了我必須熟背的經濟史。大蕭條對世界深遠的影響，其實遠比一次大戰傷還大，還深。一九二九年十月二十九日大崩盤的經濟激變，等同資本世界的全面解體。全球每一塊土地，工業生產大國，農業生產小國，絲襪供應地，咖啡、棉花、白糖、橡膠、蠶絲種植國，皆一敗塗地。大蕭條在歷史怎麼開始的，知道的人多；怎麼結束的，知道的人少。它共持續了整整十三年，並於一九三七年看似復甦八年後，二度衰退。這是今日二〇一一年六月全球經濟關切的焦點，我們是否又活回一九三七年魅影下？全球是否二次探底？

大蕭條十三年期間，除了一九三七年後引爆二次大戰外，一切皆與今日像極了。全球牢牢地被掌握於惡性循環的「完美風暴」中。任何一個環節經濟指數出現滑落，其他指數便跟著走向惡化。大蕭條最嚴重時期（一九二九至一九三三年），英國比利時失業人口約爲百分之二二與百分之二三，瑞典百分之二四，美國百分之二七，奧地利百分之二九，挪威百分之三一，德國高達百分之四四。於是納粹主義在如此可怕的經濟災難中崛起，使希特勒從一個《我的奮鬥》暢銷作家，躍升爲第二大黨黨主席，再一步步接掌德國政局。倫敦《泰晤士報》一九三〇年寫下社論，「失業，僅次於戰爭，是

法國兩次大戰，布洛克都投入戰場。那是歐洲歷史崩垮的一代，歷史一再出賣人類，深陷泥沼的史學家只能改以槍桿，而不是筆桿，回答一個天真小孩對歷史率真的疑問。（公共版權）

我們這一代蔓延最廣的惡疾。」《泰晤士報》沒有料及的是：失業，本身就會帶來戰爭。

在一九三〇至一九三一兩年間，歐洲十二國政權改朝換代，激進右派全面崛起。而當年的拉丁美洲，則演出今日北非中東茉莉花革命的戲劇性政變。各南美國家財政皆破產，阿根廷進入軍政府時期；智利推翻獨裁總統成立社會主義共和國；巴西，大蕭條結束了統治長達四十年之久的「老共和」，民粹領袖瓦加斯（Getúlio Dorneles Vargas）上台。

大蕭條的發動者美國，當時工業生產量已高占全球百分之四二，英法德三大國總加不過只占區區百分之二八。美國一倒，短短數月，世界從日本到愛爾蘭，從瑞典到紐西蘭，從阿根廷到埃及，皆掀起政治大波瀾；

其中最可怕的是法西斯路線變成世界性的運動。人類在經濟絕望之際，竟走上擁抱毀滅、種族仇恨的惡行；史家面對奧許維茲集中營，只能啞然無語。歷史，在那個當下，成了一個無法言語的啞口。

這或許是布洛克五十三歲還上戰場的原因吧！一個史學家衷心信賴的人類文明，全然崩解。筆，已解決不了他的痛；他必須上戰場，搏上一天又一天的性命，換回「史家的技藝」。當自由文明已解體；歷史，有什麼用處呢？

書寫悼念布洛克，正值他死亡六十七週年（一九四四年六月十六日）。他槍決前的聲音彷彿又出現我的耳邊，「不痛，別怕。」在諾曼地的一個花園裡，他死前四年曾思索一個問題「難道歷史已出賣了我們？」歷史證明當時的大浩劫及苦難，孕育了後代傑出的經濟學家，伯南克、孟岱爾、斯蒂格里茲、英國前首相布朗……。在七十九年後類似的大蕭條，歷史告訴了他們些許答案；也使歐洲極右勢力雖仍崛起，但再也沒有瘋狂的納粹，再也沒有東方日本軍國主義。

歷史並未全然出賣了我們。

國家圖書館出版品預行編目資料

樹，不在了 / 陳文茜著．
-- 初版．-- 臺北市：時報文化，2014.07
304 面；14.8×21 公分．--（People；381）

ISBN 978-957-13-5998-4（平裝）
1. 言論集

078 103010414

ISBN 978-957-13-5998-4
Printed in Taiwan

PE0381

# 樹，不在了

作　者—陳文茜
主　編—林芳如
責任編輯—王俞惠
封面設計—繁花似錦
設計排版—陳郁汝
執行企畫—林倩聿
董事長
總經理—趙政岷
總編輯—余宜芳
出版者—時報文化出版企業股份有限公司
10803臺北市和平西路三段二四〇號四樓
發行專線—（〇二）二三〇六—六八四二
讀者服務專線—〇八〇〇—二三一—七〇五
（〇二）二三〇四—七一〇三
讀者服務傳真—（〇二）二三〇四—六八五八
郵撥—一九三四四七二四　時報文化出版公司
信箱—臺北郵政七九～九九信箱
時報悅讀網—http://www.readingtimes.com.tw
電子郵件信箱—history@readingtimes.com.tw
法律顧問—理律法律事務所　陳長文律師、李念祖律師
印　刷—詠豐印刷有限公司
初版一刷—二〇一四年七月十八日
初版七刷—二〇一七年五月八日
定　價—新臺幣三六〇元
（缺頁或破損的書，請寄回更換）